Lingua GEM

64

DOMINIQUE MAINGUENEAU

Discurso e análise do discurso

TRADUÇÃO Sírio Possenti

parábola

Título original: *Discours et analyse du discours — Introduction*
Dominique Maingueneau, 2014

ISBN: 978-2-200-28996-6

Direção: ANDRÉIA CUSTÓDIO
Capa e diagramação: TELMA CUSTÓDIO
Revisão: KARINA MOTA

CIP-BRASIL. CATALOGAÇÃO NA FONTE
SINDICATO NACIONAL DOS EDITORES DE LIVROS, RJ

M191D

Maingueneau, Dominique
Discurso e análise do discurso / Dominique Maingueneau ; tradução Sírio Possenti. - 1. ed. - São Paulo : Parábola Editorial, 2015.
192 p. ; 23 cm (Linguagem ; 64)

Tradução de: Discours et analyse du discours: introduction
Inclui bibliografia e índice
ISBN 978-85-7934-103-8

1. Análise do discurso. 2. Linguística. I. Título. II. Série.

15-22913 CDD: 401.41
CDU: 81'42

Direitos reservados à
PARÁBOLA EDITORIAL
Rua Dr. Mário Vicente, 394 - Ipiranga
04270-000 São Paulo, SP
pabx: [11] 5061-9262 | 5061-8075 | fax: [11] 2589-9263
home page: www.parabolaeditorial.com.br
e-mail: parabola@parabolaeditorial.com.br

ISBN: 978-85-7934-103-8

1ª edição - 6ª reimpressão: novembro de 2023.

Sumário

PARTE III
O universo do discurso

Apresentação

Este novo livro de Dominique Maingueneau é bastante diferente dos anteriores. Algumas de suas obras foram temáticas, e diversas continham bom número de análises ou, no mínimo, um *corpus* que sempre era mais do que uma ilustração de suas teses. Trata-se de nova apresentação da análise do discurso (AD), depois de várias de caráter semelhante, também diferentes entre si, fundamentalmente porque a análise do discurso se move e, assim, não é a mesma apresentada nos outros "manuais" de Maingueneau. Não só os *corpora* se multiplicaram. Diversas tendências cresceram, e todas, de alguma forma, se alteraram, mais ou menos.

O livro é um verdadeiro mapeamento da análise do discurso, um sobrevoo, que confirma em parte mapas anteriores, mas também descobre novos morros, rios, cidades, estradas. E sugere meios de explorar tudo, ou, pelo menos, sugere algumas viagens.

O livro, de certa forma, passa por todas as questões clássicas, teóricas e metodológicas, e acrescenta outras, como a proposta de considerar a análise do discurso uma vertente específica no interior dos estudos do discurso, a discussão sobre se o caráter crítico da AD é eventual ou se é constitutivo das diversas teorias do discurso. Além disso, o livro expõe de forma refinada a relação da AD com as ciências humanas e sociais. Vale mencionar também a agudeza do olhar de Maingueneau sobre o que implicam para a análise do discurso a internet e as redes sociais. Os numerosos temas abordados não são tratados em detalhe, mas impõem desafios nada fáceis para os realmente interessados em pesquisá-los.

Em suma, o autor faz uma apresentação do campo da análise do discurso. Por um lado, é obra de apresentação, e, assim, expõe um conjunto variado de conceitos, com destaque para os relativos à construção de um *corpus* para análise. Retoma conceitos com larga tradição no campo, como o de formação discursiva, acrescenta outros em pé de igualdade, como os de gênero e autoria, atento não apenas a uma questão, seja a do sentido, seja a da circulação, mas a todas as que afetam o discurso. Conceitos que o autor já expusera voltam mais bem integrados: discursos constituintes, paratopia, frases sem texto...

Sendo obra de introdução, supõe, para que assim funcione, um leitor que já conheça bastante os detalhamentos do que aqui é exposto brevemente. Por exemplo, o autor publicou há dois anos um livro sobre *Frases sem texto*. De certa forma, sua leitura é requerida para que a retomada aqui exposta seja de fato significativa. O mesmo se dá em relação a outros temas, como o leitor verá. Assim, este é um livro de introdução, mas, paradoxalmente, para que se tirem dele todos os efeitos, é melhor que o leitor já esteja bastante informado.

A tradução foi a mais literal possível. Uns acharão que o foi em excesso. Também procurei respeitar o tom do original, que é, como em outras obras do autor, relativamente informal. Em certos momentos, pedi socorro a Lídia L. Maretti e a Luciana Salazar Salgado, às quais agradeço por quebrarem alguns galhos.

Aproveitei passagens de traduções existentes no mercado, especialmente no caso de citações de Foucault, de Pêcheux, do próprio Maingueneau, particularmente quando retomava passagens de trabalhos recentes, alguns dos quais tinham passado por minhas mãos. Às vezes, modifiquei alguns detalhes, achando que melhorava o texto.

Que o livro permita debates. É a recepção que merece.

Sírio Possenti
Campinas, julho de 2015.

Prefácio

HOUVE NA HISTÓRIA grandes conjuntos de saberes e de práticas destinados ao estudo dos textos: no Ocidente, lembramos logo da retórica e da filologia, que chegaram até nós. Desde os anos 1960, um novo campo de pesquisa se desenvolveu com o nome de "análise do discurso" ou, mais recentemente, de "estudos de discurso". Não se trata de uma simples extensão da linguística a dados que até então ela não levava em conta, como se, para retomar os termos de Saussure, uma "linguística da fala" tivesse vindo completar uma linguística da "língua". Trata-se antes de um empreendimento fundamentalmente transdisciplinar, para alguns, pós-disciplinar, que, atravessando o conjunto das ciências humanas e sociais e das humanidades, vai contra a tendência da divisão do saber em domínios cada vez mais especializados.

É difícil não associar a aparição deste campo a fenômenos como a terceirização crescente da economia e o desenvolvimento das mídias audiovisuais pós-internet, que aumentam de maneira inegável a importância das interações verbais e multiplicam as técnicas de processamento dos signos. Essas evoluções são acompanhadas, além disso, por uma "tecnologização do discurso" (Fairclough, 1992): seja no mundo corporativo ou em setores como o da saúde, da política ou da educação, pretende-se aumentar sua "eficácia" analisando sua própria "comunicação", interna e externa, a dos concorrentes, incluindo os enunciados produzidos sobre as pessoas comuns. Outra face desse controle é a vigilância exercida sobre as produções verbais, seja nos *call centers*, onde o exercício da fala é submetido a normas estritas e se torna objeto de um controle permanente, seja em nome do "politicamente correto", da "luta contra o terrorismo" ou "a criminalidade", seja em uma perspectiva de espionagem industrial, de *marketing*, de propaganda... Todas essas atividades mobilizam atores muito diversos, obrigados a se apoiarem em técnicas mais ou menos sofisticadas de coleta, de exploração e de interpretação dos dados verbais. Vê-se igualmente multiplicarem-se os espaços destinados ao comentário da fala: programas de rádio ou de televisão que analisam a comunicação dos políticos nos espaços interativos de "discussão", de "reação", de "opinião"... que a internet propicia, passando pelas instituições, particularmente as de ordem psicoterapêutica, que incitam os sujeitos a se exprimirem sob o olhar de especialistas, que analisam e avaliam suas falas. Mesmo que não estejam diretamente a serviço dessas práticas, os estudos do discurso participam, a sua maneira, desse mundo em que não se cessa de refletir sobre os poderes da fala.

O campo da análise do discurso, hoje globalizado e em expansão contínua, resulta da convergência de correntes de pesquisa provindas de disciplinas muito diferentes (linguística, sociologia, filosofia, psicologia, teoria literária, antropologia, história...) e, em contrapartida, exerce sua influência sobre elas. Falou-se muito de uma "virada linguística" na filosofia, na história e nas ciências sociais na segunda metade do século XX. Poderíamos falar também de uma "virada discursiva". De fato, não há nenhum setor das ciências humanas e sociais ou das humanidades que não possa apelar a suas problemáticas, conceitos ou métodos.

O estudante que necessite ter uma ideia mais precisa desse imenso campo de pesquisa não está diante de uma tarefa fácil. Certamente, existe no mundo um número considerável de manuais de introdução, a maior parte deles em inglês, cuja tendência é levar em conta apenas os trabalhos que pertencem a sua própria área cultural ou mesmo a sua própria corrente, e a privilegiar esse ou aquele tipo de uso do discurso (a conversação, as mídias, a Web, os discursos institucionais, os textos escritos...), ignorando a diversidade das manifestações do discurso.

O livro que apresentamos aqui não procura substituir tais manuais de introdução, mas completá-los. Seu objetivo é ajudar aqueles que, por uma ou outra razão, se deparam com os estudos de discurso a melhor apreender as linhas de força que estruturam esse campo, a identificar as categorias sobre as quais repousam seus métodos de análise, a tomar consciência da heterogeneidade do discurso. O estudante não vai, pois, encontrar, neste manual, métodos imediatamente operatórios, mas pode recuar o necessário para orientar-se eficazmente no labirinto das terminologias e dos métodos.

O livro se divide em três partes. A primeira está centrada no campo de estudos de discurso: sua história, a definição de termos como "discurso" ou "texto", as grandes divisões que o estruturam. A segunda parte se interessa pelas unidades de base com as quais trabalham os analistas do discurso (gênero, tipo de discurso, formação discursiva...); em outras palavras, com a construção de seus objetos. A terceira se esforça para medir, ao mesmo tempo, a unidade e a diversidade do universo do discurso, para fazer surgir os regimes da fala que nele se entrecruzam.

Em ciências humanas e sociais, não poderia existir, aliás, o olhar sobranceiro e neutro, sobretudo quando se trata de refletir sobre um saber recente. Este livro não é o de um historiador ou de um sociólogo das ciências, mas o de um praticante da análise do discurso que a viu evoluir consideravelmente desde os anos 1970 e que se esforça para refletir sobre suas condições de possibilidade, suas principais categorias e suas tensões constitutivas. Ele repousa sobre três pressupostos principais:

- mesmo que as problemáticas de análise do discurso desenvolvidas na França tenham exercido indiscutivelmente um papel fundador e continuem a apresentar certo número de traços característicos, atualmente elas se encontram inseridas em um espaço de pesquisa *globalizado*, no qual as hibridações conceituais se multiplicam;
- o campo dos *estudos de discurso* deve ser distinguido de outro, mais restrito, o da *análise do discurso*, que define um ponto de vista específico sobre o discurso;
- o universo do discurso, o material a partir do qual trabalham os analistas do discurso, é profundamente *heterogêneo*: não se pode unificá-lo em torno do modelo dominante da comunicação oral face a face.

PARTE I

Estudos de discurso e análise do discurso

1
Alguns elementos de história

Em geral, quando se apresenta uma disciplina em uma obra de caráter didático, começa-se por fazer um rápido percurso histórico no qual se para em um (às vezes dois ou três) pensamento(s) fundador(es) que delimita(m) firmemente os contornos do campo de saber em questão. Tratando-se da análise do discurso, é muito difícil escrever tais relatos: não existem equivalentes de Newton, Pasteur ou Durkheim, personalidades cujo papel determinante seja reconhecido pelo conjunto da comunidade. Trata-se de um espaço de pesquisa fervilhante e que não pode ser remetido a um lugar de emergência exato. Atribui-se frequentemente um papel fundador a pensadores tais como E. Goffman, L. Wittgenstein, M. Foucault ou M. Bakhtin; indubitavelmente, eles tiveram um papel importante, mas a abordagem de cada um deles abrange apenas parte desse imenso campo, e nenhum deles recortou, mesmo com outro nome, um território que recobrisse mais ou menos o da atual análise do discurso. Só poderíamos construir uma história quase linear se nos restringíssemos a determinadas correntes.

1.1 • Convergências e hibridações

O termo "análise do discurso" foi introduzido pelo linguista distribucionalista Zellig S. Harris (1909-1992), em um artigo intitulado exatamente "Discourse Analysis" (Harris, 1952), no qual "*discurso*" designava uma unidade linguística constituída de frases; de um texto, portanto. Como Harris trabalhava numa perspectiva estruturalista, empregava o termo "análise" em seu sentido etimológico, o de uma decomposição. Seu projeto, que hoje diria respeito à linguística textual, era, de fato, analisar a estrutura de um texto, fundamentando-se na recorrência de alguns de seus elementos, particularmente dos pronomes e de alguns grupos de palavras. Ele projetava também a possibilidade de relacionar as regularidades textuais assim identificadas a fenômenos de ordem social:

> A análise distribucional no interior de um único discurso, considerado individualmente, fornece ensinamentos sobre algumas correlações entre a língua e outras formas de comportamento. A razão disso é que cada discurso seguido é produzido em uma situação precisa ([1952] 1969: 11).

Nesse ponto, a atitude de Harris se aproximou do estruturalismo literário francês dos anos 1960, que postulava ser necessário começar por uma análise "imanente" do texto, e depois, fazer corresponder a "estrutura" assim extraída a uma realidade sócio-histórica situada fora do texto. Tal procedimento estava muito longe das problemáticas atuais do discurso, que recusam a própria oposição entre um interior e um exterior dos textos. Assim, a referência a Harris está longe de ter um valor fundador para a análise do discurso de hoje.

De fato, as problemáticas que hoje participam da análise do discurso apareceram nos anos 1960, principalmente nos Estados Unidos, na França e na Inglaterra. A partir dos anos 1980, se constituiu um espaço de pesquisa verdadeiramente mundial, que integrou correntes teóricas que tinham se desenvolvido independentemente umas das outras em disciplinas e em países distintos. A publicação, em 1986, por T. van Dijk, de uma obra coletiva (*Handbook of Discourse Analysis*) em quatro volumes, testemunha essa evolução: ele agrupava, de fato, sob o mesmo rótulo ("*discourse analysis*") trabalhos extremamente diversos realizados de um e de outro lado do Atlântico. Como o pós-estruturalismo, com o qual ela mantém laços estreitos, a análise do discurso participa de um movimento em que "o acento está posto desde então sobre a globalização do saber teórico" e onde "tradições teóricas antes separadas fazem nascer culturas científicas híbridas" (Angermüller, 2013a: 72-73).

Quando, nos anos 1960, emergiram as problemáticas que, em seguida, entrariam no campo da análise do discurso, não se tratava, de forma alguma, de um projeto unificado. Nos Estados Unidos, o estudo do discurso foi alimentado por correntes muito diversas: em particular, pela etnografia da comunicação[1] (Hymes [1927-2009], Gumperz [1922-2013]), que era muito próxima da antropologia, da etnometodologia[2] (Garfinkel [1917-2011]), que se dizia uma teoria sociológica, da análise conversacional (Sacks [1935-1975]), que, como o nome indica, propunha um método de análise das interações orais. A isso se juntavam os trabalhos de pensadores singulares, tais como Goffman [1922-1982], que estudava os "rituais de interação" na vida cotidiana, em particular por meio da "apresentação de si"[3]. Essas diversas correntes, a despeito de suas divergências, partilharam progressivamente um mesmo espaço de pesquisa. Em seguida, ele foi enriquecido pelos aportes das teorias pós-estruturalistas do discurso, muito influentes nas ciências políticas (M. Foucault, E. Laclau) e nos "*Cultural Studies*", particularmente no que diz respeito ao gênero sexual (cf. J. Butler).

De maneira mais ampla, a reflexão sobre o discurso se beneficiou de contribuições provenientes da filosofia e da linguística. Ao longo do século XX, a filosofia se preocupou com a questão da linguagem. Falou-se de um *linguistic turn*, de uma "virada linguística", baseada na ideia, defendida particularmente por L. Wittgenstein, de que o trabalho conceitual da filosofia supõe uma análise prévia da linguagem; os trabalhos de J. Austin sobre os "atos de fala" se inscrevem nessa perspectiva. Por sua vez, a linguística foi sendo cada vez mais impregnada pelas correntes pragmáticas, que abordavam a fala como uma atividade e acentuavam o caráter radicalmente contextual da construção do sentido. Paralelamente, a partir dos anos 1960 — isto é, simultaneamente à análise do discurso — desenvolveu-se uma nova disciplina, a linguística textual, que, visando encontrar regularidades além da frase, fornecia aos analistas do discurso instrumentos preciosos para a apreensão da estruturação dos textos.

---

[1] Sobre a etnografia da comunicação, ver Bachman, Lindenfeld, Simonin (2003).

[2] Sobre a etnometodologia, podem-se consultar Coulon (2002) e de Fornel, Ogien e Queré (orgs.) (2002).

[3] Para uma síntese das principais contribuições de E. Goffman, ver Joseph (2002), Nizet e Rigaux (2005).

1.2 • Na França

A França foi um dos principais lugares de desenvolvimento da análise do discurso, talvez o lugar em que, pela primeira vez, a análise do discurso foi definida, sob esse nome, como um empreendimento ao mesmo tempo teórico e metodológico específico. Ela se apoiava no estruturalismo, então no auge[4].

Se 1966 é o grande ano do estruturalismo[5], o da análise do discurso é 1969. Neste ano, a revista de linguística *Langages*, cujo prestígio era então considerável, dedica um número especial (o número 13) a um campo novo, que ele chama de "a análise do discurso". No mesmo ano, M. Pêcheux publica um livro intitulado *Análise automática do discurso* e Foucault, sua *Arqueologia do saber*, obra que traz a noção de discurso para o centro da reflexão.

O número 13 de *Langages* utiliza o termo "análise do discurso" ao mesmo tempo como título do conjunto do volume e como título da tradução francesa do artigo de Z. S. Harris, de 1952, que evocamos anteriormente. Mas os artigos dos colaboradores desse número especial propõem visões muito diversas do novo campo de pesquisa. Isso prefigura o que vai se passar a partir dos anos 1980 em escala internacional: a inscrição, em um espaço comum, de pesquisas muito diversas.

O responsável por este número de *Langages* é o linguista Jean Dubois (nascido em 1920). Para ele, desenvolver a análise do discurso é uma forma de ampliar os trabalhos de linguística para as relações entre língua e sociedade, de renovar de alguma maneira os métodos da filologia. Ele mesmo é autor de uma tese importante sobre o vocabulário social e político no final do século XIX (Dubois, 1962). Em sua perspectiva, a análise do discurso aparece como uma disciplina na qual, primeiro, se estudam textos de todos os gêneros (o que rompe com as práticas mais restritivas das faculdades de letras, voltadas para *corpora* prestigiosos, particularmente os literários); segundo, com o auxílio de ferramentas tomadas de empréstimo à linguística;

[4] Não há ainda uma história detalhada da emergência da análise do discurso na França. Encontra-se, contudo, uma apresentação sugestiva em Angermüller (2013b: 11-56), que destaca as tendências pós-estruturalistas dessas correntes.

[5] Nesse ano apareceram, em particular, *As palavras e as coisas*, de M. Foucault, os *Escritos*, de J. Lacan, *Crítica e verdade*, de R. Barthes, a *Semântica estrutural*, de A.-J. Greimas, os *Problemas de linguística geral*, de É. Benveniste.

terceiro, com o objetivo de melhorar nossa compreensão das relações entre os textos e as situações sócio-históricas nas quais eles são produzidos. Essa concepção muito consensual da análise do discurso vai se difundir amplamente na França.

Autor de uma *Análise automática do discurso*, Michel Pêcheux (1938-1983) não participou do número especial de *Langages*; seu projeto é diferente. Ele não é um linguista, mas um filósofo marxista especialista em história das ciências, que pretende contestar os pressupostos "idealistas" das ciências humanas; ele era, então, pesquisador em um laboratório de psicologia social. Com Pêcheux, a análise do discurso se ancora, ao mesmo tempo, no marxismo do filósofo L. Althusser, na psicanálise de J. Lacan e na linguística estrutural, três empreendimentos que dominam, nesse momento, a cena intelectual. Seu procedimento é o de uma espécie de psicanalista do discurso animado por um projeto marxista, cujo alcance é simultaneamente político e epistemológico: procedendo a uma análise — leia-se "decomposição" — dos textos, procura-se revelar a ideologia que eles estão destinados a dissimular; significativamente, a palavra "analista" designa igualmente os psicanalistas e "análise", a psicanálise.

A influência de *A arqueologia do saber*, de M. Foucault, sobre a análise do discurso francesa foi bastante mais indireta que a de J. Dubois ou a de M. Pêcheux, mas foi expressiva. Se estes últimos pretendiam apoiar-se na linguística, o autor de *A arqueologia do saber* a recusava. O que ele chamava de "discurso" não tinha relação direta com o uso da língua. Estas linhas são reveladoras:

> O que se descreve como "sistemas de formação" não constitui a etapa final dos discursos, se por este termo entendermos os textos (ou as falas) tais como se apresentam com seu vocabulário, sintaxe, estrutura lógica ou organização retórica. A análise permanece aquém deste nível manifesto, que é o da construção acabada (1969: 100/83).

Uma posição como esta é dificilmente compatível com os postulados de numerosos analistas do discurso, para quem o vocabulário, a organização textual e as estratégias interacionais devem estar no coração da análise. Como o sublinha Hart, em Foucault, "discurso" não é um conceito linguístico:

> O que lhe interessava eram as regras e as práticas que produziam enunciados dotados de sentido e que regulavam o discurso em diferentes períodos da história (1997, *in* Wetherell *et al.*, 2001: 72).

O procedimento de Foucault contrastava com o de M. Pêcheux também em outro ponto: ele refutava os procedimentos que procuravam desvelar uma espécie de inconsciente textual.

> Trata-se de apreender o enunciado na estreiteza e na singularidade de seu acontecimento; de determinar as condições de sua existência, de fixar seus limites da forma mais justa, de estabelecer suas correlações com os outros enunciados que podem estar ligados a ele, de mostrar que outras formas de enunciação ele exclui. *Não se busca, sob o que está manifesto, a conversa semissilenciosa de outro discurso;* deve-se mostrar por que não poderia ser outro que ele não era [...] (1969:40)[6].

Vê-se, desde o começo, mesmo em um espaço assim restrito como o de Paris em 1969, que surgiram simultaneamente visões muito diferentes da análise do discurso. Devemos, entretanto, distinguir os casos de Pêcheux e de Foucault, dois filósofos cujas contribuições derivam mais daquilo que hoje se chama teoria do discurso, e o caso do linguista J. Dubois, que se ancora nas ciências da linguagem para analisar as práticas verbais de uma sociedade; suas perspectivas vão, sobretudo, suscitar pesquisas sobre o discurso político, estimuladas pelo contexto social dos anos que se seguem a 1968 (Guespin *et al.*, 1971; Demonet *et al.*, 1975; Guespin *et al.*, 1976).

Passado o período de fundação, a análise do discurso francesa vai rapidamente mesclar as contribuições dessas três problemáticas iniciais[7] e abrir-se a conceitos advindos das correntes pragmáticas, das teorias da enunciação, da linguística textual para abordar *corpora* diversificados. Podem-se citar os trabalhos de P. Charaudeau (1983, 1997) sobre as mídias, os de S. Moirand sobre o discurso científico

---

[6] Nós sublinhamos.

[7] Vê-se, por exemplo, os conceitos de Foucault e de Pêcheux se combinarem estreitamente nos estudos do discurso político em um número especial da *Langages* (Courtine, 1981) consagrado ao discurso político, terreno de pesquisa privilegiado dos colaboradores de J. Dubois, que então dirigia a revista.

(1988) e sobre a imprensa escrita (2007), os meus sobre o discurso religioso (1984) ou o discurso literário (1993). Todas essas pesquisas atribuem um papel central à noção de gêneros do discurso e se apoiam maciçamente sobre as teorias da enunciação linguística, que fornecem um quadro metodológico comum. Paralelamente, os trabalhos de inspiração norte-americana se difundem na França, em particular através dos estudos das conversas (Kerbrat-Orecchioni, 1990, 1992).

2

A noção de discurso

A INSTABILIDADE do campo da análise do discurso encontra correspondência na própria noção de discurso. Nenhuma obra de introdução esquece, aliás, de demorar-se neste ponto, seja para deplorá-lo, seja para celebrá-lo. Circunstância agravante, "discurso" se emprega de duas maneiras:

- como substantivo *não contável* ("isto deriva do discurso", "o discurso estrutura nossas crenças"...);
- como substantivo *contável* que pode referir acontecimentos de fala ("cada discurso é particular", "os discursos se inscrevem em contextos"...) ou conjuntos textuais mais ou menos vastos ("os discursos que atravessam uma sociedade", "os discursos da publicidade"...).

Tal polivalência permite que "discurso" funcione, ao mesmo tempo, como referindo objetos empíricos ("há discursos") e como algo que transcende todo ato de comunicação particular ("o homem é submetido ao discurso"). Isto favorece uma dupla apropriação da noção: por teorias de ordem filosófica e por pesquisas empíricas sobre o funcionamento dos textos.

2.1 • Para os linguistas

Para os linguistas, que opõem tradicionalmente o sistema linguístico a sua atualização em contexto, o discurso é comumente definido como "o uso da língua" (ver, por exemplo, Gee [2005: IX] ou Johnstone [2008: 3]). Alguns acrescentam a isso uma dimensão comunicacional, como B. Paltridge (2006: 2), para quem o discurso é "a linguagem além da palavra, do grupo de palavras e da frase", agenciado de maneira a que a "comunicação alcance êxito".

Mais precisamente, em linguística, "discurso" entra em três oposições principais: entre *discurso* e *frase*, entre *discurso* e *língua* e entre *discurso* e *texto* (abordaremos esta última distinção no próximo capítulo).

- Quando se opõe *discurso* e *frase*, o discurso é considerado como uma unidade linguística "transfrástica", isto é, constituída de um encadeamento de frases. Vimos que é neste sentido que Harris (1952) pôde falar de "*discourse analysis*". É também nessa interpretação de "discurso" que se apoiam hoje os pesquisadores que, em uma perspectiva cognitiva, se interessam pela maneira pela qual um enunciado é interpretado apoiando-se em enunciados anteriores e posteriores. Mas este não é o emprego mais frequente de "discurso".
- A oposição entre *discurso* e *língua* pode ser apreendida de diversas maneiras, mas todas elas opõem a língua concebida como sistema a seu uso em contexto. Encontra-se aqui, em certos aspectos, a dupla "língua"/"fala" do *Curso de linguística geral* de F. de Saussure.

A noção de "*language in use*", frequente na literatura anglófona como paráfrase de "discurso", associa estreitamente as duas oposições que acabamos de destacar: *textual* (discurso *vs.* frase) e contextual (discurso *vs.* língua):

> O discurso é frequentemente definido de duas maneiras: um tipo particular de unidade linguística (além da frase) e uma focalização sobre o uso da língua (Schiffrin, 1994: 20).

2.2 • Fora da linguística

As acepções de "discurso" ancoradas nas ciências da linguagem interagiram com certo número de ideias provindas de correntes teóricas que atravessam o conjunto das ciências humanas e sociais: a filosofia da linguagem ordinária (L. Wittgenstein) e a teoria dos atos de fala (J. L. Austin, J. R. Searle), a concepção inferencial do sentido (H.

P. Grice), o interacionismo simbólico (G. H. Mead), a etnometodologia (H. Garfinkel), a escola de Palo Alto (G. Bateson), o dialogismo de M. Bakhtin, a psicologia de L. Vigotsky, a arqueologia e a teoria do poder de M. Foucault, ele próprio integrado a uma corrente identificada nos Estados Unidos com o nome de "pós-estruturalismo", em que é associado a pensadores como J. Derrida, G. Deleuze, J. Lacan, E. Laclau, J. Butler... A noção de discurso entra igualmente em ressonância com certas correntes construtivistas, particularmente a sociologia do conhecimento de P. L. Berger e T. Luckmann, autores de *A construção social da realidade* (1966).

Quando se fala de "discurso", ativa-se, assim, de maneira difusa, um conjunto aberto de *leitmotiven*, de ideias-força:

O discurso é uma organização ***além da frase***

Isto não quer dizer que todo discurso se manifeste por sequências de palavras de dimensões obrigatoriamente superiores à frase, mas que ele mobiliza estruturas *de outra ordem*, diferentes das da frase. Um provérbio ou uma proibição como "Proibido fumar" são discursos, formam uma unidade completa, embora sejam constituídos por uma única frase. Os discursos, quando são unidades transfrásticas, como é o caso mais frequentemente, são submetidos a regras de organização. Elas operam em dois níveis: as regras que governam os gêneros de discurso em vigor em um grupo social determinado (consulta médica, *talk-show*, romance, tese de doutorado...) e as regras, transversais aos gêneros, que governam um relato, um diálogo, uma argumentação, uma explicação...

O discurso é ***uma forma de ação***

Considera-se que falar é uma forma de *ação* sobre o outro, e não apenas uma representação do mundo. Nesse ponto, a linguística retoma a tradição retórica, que constantemente acentuou os poderes da fala. A problemática dos "atos de linguagem" (também chamados "atos de fala" ou "atos de discurso"), desenvolvida a partir dos anos 1950 pelo filósofo da linguagem J. L. Austin (1962), e depois por J. R. Searle (1969), mostrou que toda enunciação constitui um ato (prometer, sugerir, afirmar, perguntar...) que visa modificar uma situação.

Num nível superior, tais atos elementares se integram a gêneros de discurso determinados, que são outras formas de atividades socialmente reconhecidas. Inscrevendo assim o discurso entre as atividades, facilita-se relacioná-las com as atividades não verbais.

O discurso é ***interativo***

A atividade verbal é, na realidade, uma *interatividade* que envolve dois ou mais parceiros. A manifestação mais evidente dessa interatividade é a troca oral, onde os interlocutores coordenam suas enunciações, enunciam em função da atitude do outro e percebem imediatamente o efeito que suas palavras têm sobre ele. Poder-se-ia objetar que existem também tipos de enunciação oral que não parecem de forma alguma "interativas": é o caso, por exemplo, das conferências, e, *a fortiori*, dos textos escritos. De fato, não se pode reduzir a *interatividade* fundamental do discurso à conversação. Qualquer enunciação, mesmo que produzida na ausência de um destinatário ou na presença de um destinatário que parece passivo, se dá em uma interatividade constitutiva. Qualquer enunciação supõe a presença de outra instância de enunciação, em relação à qual alguém constrói seu próprio discurso. Nesta perspectiva, a conversação é um dos modos de manifestação — mesmo que seja sem dúvida fortemente dominante, do ponto de vista quantitativo — da interatividade fundamental do discurso. Se for assim, um termo como "destinatário" parece insatisfatório, porque pode dar a impressão de que a enunciação é apenas a expressão do pensamento de um locutor que se dirige a um destinatário passivo. É por isso que alguns preferem falar de "interactantes", de "colocutores", ou, ainda, de "coenunciadores".

O discurso é ***contextualizado***

Não diremos apenas que o discurso intervém *em* um contexto, como se o contexto não passasse de uma moldura, de um cenário: fora de contexto, não se pode atribuir um sentido a um enunciado. Fala-se, frequentemente, a este propósito, de "indicialidade". Em filosofia da linguagem, expressões indiciais (*eu*, *tu*, *ontem*, *aí*...) têm como característica serem por natureza semanticamente incompletas, de só terem referente mediante a enunciação singular em que são empregadas.

Por extensão, a indicialidade permite representar a incompletude radical das palavras, que devem ser indexadas a uma situação de troca linguística, um contexto particular, para alcançar um sentido que se poderia dizer "completo" (o que não implica que esse sentido seja claramente determinável).

O discurso é ***assumido por um sujeito***

O discurso só é discurso se estiver relacionado a um sujeito, a um EU, que se coloca ao mesmo tempo como *fonte de referências* pessoais, temporais, espaciais (EU-AQUI-AGORA) e indica qual é a atitude que ele adota em relação ao que diz e a seu destinatário (fenômeno da "modalização"). Ele indica, especialmente, quem é o responsável pelo que ele diz: um enunciado bem elementar como "Chove" é estabelecido como verdadeiro pelo enunciador, que se situa como o responsável, como o fiador de sua verdade. Mas esse enunciador poderia ter modulado seu grau de adesão ("Talvez possa chover"), atribuir a responsabilidade pelo enunciado a outro ("Segundo Paulo, vai chover"), comentar sua própria fala ("Sinceramente, acho que chove") etc. Ele poderia até mesmo mostrar ao coenunciador que apenas finge assumir o enunciado (no caso de enunciações irônicas). Mas, de uma perspectiva da análise do discurso, esta dupla assunção não implica que se considere o sujeito como o ponto de origem soberana de "sua" fala. A fala é dominada pelo dispositivo de comunicação do qual ela provém.

O discurso é ***regido por normas***

A atividade verbal, tanto quanto qualquer comportamento social, é regida por normas. No nível elementar, cada ato de linguagem implica normas particulares; um ato aparentemente tão simples como uma pergunta, por exemplo, implica que o locutor ignore a resposta, que essa resposta o interesse, que ele acredite que o indivíduo a quem a pergunta é feita possa respondê-la etc. Existem, além disso, normas ("máximas conversacionais", "leis do discurso", "postulados conversacionais"...) que regem todas as trocas verbais: ser compreensível, não se repetir, dar informações apropriadas à situação etc. Além disso, como vimos, os gêneros de discurso são conjuntos de normas que suscitam expectativas nos sujeitos engajados na atividade verbal.

Mais fundamentalmente, nenhum ato de enunciação pode ocorrer sem justificar de uma forma ou de outra seu direito de se apresentar tal como se apresenta. Trabalho de legitimação inseparável do exercício da fala.

O discurso é assumido no bojo de um ***interdiscurso***

O discurso só adquire sentido no interior de um imenso *interdiscurso*. Para interpretar o menor enunciado, é necessário relacioná-lo, conscientemente ou não, a todos os tipos de outros enunciados sobre os quais ele se apoia de múltiplas maneiras. O simples fato de organizar um texto em um gênero (a conferência, o jornal televisivo...) implica que o relacionemos com os outros textos do mesmo gênero; a menor intervenção política só pode ser compreendida se se ignorarem os discursos concorrentes, os discursos anteriores e os enunciados que então circulam nas mídias.

Algumas correntes defendem o primado do interdiscurso sobre o discurso. É em particular o que se dá com os pesquisadores inspirados em M. Bakhtin, que inscrevem todo enunciado num "dialogismo" generalizado; este princípio recusa o fechamento do texto, aberto aos enunciados exteriores e anteriores, cada enunciado participando assim de uma cadeia verbal interminável. É também o caso de numerosos analistas do discurso franceses inspirados em J. Lacan ou em L. Althusser, para os quais qualquer enunciação é dominada por um interdiscurso que a atravessa sem que ela se dê conta disso; algo que uma fórmula de M. Pêcheux resume bem: "Isso fala sempre alhures e antes". Nesses dois casos, existe uma relação estreita entre a afirmação do primado do interdiscurso e certa concepção do sujeito falante; a fala nunca é concebida como o lugar em que a individualidade se põe soberanamente: cada locutor está tomado pela sedimentação coletiva das significações inscritas na língua (Bakhtin), o sujeito está submetido a um descentramento radical, ele não pode ser a origem do sentido (Pêcheux).

O discurso ***constrói*** socialmente o sentido

Este postulado diz respeito tanto às interações orais entre duas pessoas quanto às produções coletivas destinadas a um público amplo.

O sentido de que se trata aqui não é um sentido diretamente acessível, estável, imanente a um enunciado ou a um grupo de enunciados que estaria esperando para ser decifrado: ele é continuamente construído e reconstruído no interior de práticas sociais determinadas. Essa construção do sentido é, certamente, obra de indivíduos, mas de indivíduos inseridos em configurações sociais de diversos níveis.

Segundo a perspectiva que lhe é própria, cada corrente, ou cada pesquisador, vai pôr em primeiro lugar um ou outro dos *leitmotiven* associados ao termo "discurso", sem com isso excluir os outros, que ficam em segundo plano. A noção de discurso constitui, assim, uma espécie de invólucro comum para posições às vezes fortemente divergentes. Estamos mais numa lógica do "clima familiar" do que na de um núcleo de sentido que seria comum a todos os usos.

Mas, mesmo sendo muito instável, o uso de "discurso" é carregado de desafios. Ele permite que os pesquisadores se posicionem, tracem uma fronteira com os procedimentos concorrentes. A natureza dessa fronteira varia, evidentemente, conforme as correntes implicadas. Por exemplo, os adeptos de psicologias de inspiração discursiva (Potter e Vetherell, 1987; Bronckart, 1996) rejeitarão as concepções da psicologia que, centradas no estudo dos estados mentais de indivíduos, marginalizam os processos de comunicação:

> A análise do discurso é uma perspectiva radicalmente nova que tem implicações sobre o conjunto das questões psicossociológicas [...] os outros métodos se recusaram a levar em conta ou mascararam o caráter ativo, construtor do uso da linguagem na vida cotidiana (Potter e Wetherell, 1987: 6).

Vê-se que o emprego de "discurso" tem um duplo alcance. Permite, ao mesmo tempo, designar *objetos* de análise ("o discurso da imprensa", "o discurso dos médicos"...) e mostrar que se adota um determinado *ponto de vista* sobre eles. Dizer, por exemplo, que esse panfleto ou aquele jornal são um discurso é também mostrar que eles são considerados *como* discursos, mobilizadores de certas ideias-força. Falando do "discurso do panfleto", indica-se que não se vão analisar somente conteúdos, uma organização textual ou procedimentos estilísticos, mas que se vai relacionar este enunciado a um dispositivo de comunicação, às normas de uma atividade, aos grupos que dele extraem sua legitimidade etc. Da mesma forma, quando se olha para a literatura *como* discurso (Maingueneau, 2004a), é-se levado a contestar a divisão tradicional dos estudos literários em duas vertentes: uma que se volta para o texto, encarado em si mesmo, e outra para o contexto (a vida do autor, um ou outro aspecto da época na qual ele viveu).

Para dar uma medida da plasticidade do termo "discurso", convém evitar duas atitudes que poderiam ser qualificadas, uma de "cética", outra de "terapêutica". A atitude cética consiste em renunciar a dar a menor consistência semântica à palavra "discurso", em contentar-se com o registro de seus usos, explicando-os pelos interesses dos que a utilizam. A atitude terapêutica, por sua vez, acaba por desqualificar os empregos de "discurso" que não seriam definidos rigorosamente e unívocos.

De fato, é inevitável que, nas ciências humanas e sociais, múltiplas correntes ou disciplinas se alicercem sobre diversas "palavras-chave", cujo significado os pesquisadores não possam controlar totalmente. E isso é ainda mais evidente quando se trata de uma noção que atravessa múltiplos campos do saber. Da mesma maneira, nos anos 1960, a noção de "estrutura" oscilava entre os usos relativamente técnicos, particularmente em linguística, e os usos pouco controlados no conjunto das ciências humanas e sociais e na filosofia. O que não o impediu de renovar as abordagens de várias disciplinas.

2.3 • Teoria do discurso e análise do discurso

Quem se considera filiado à problemática discursiva associa intimamente língua (mais amplamente, os recursos semióticos disponíveis em uma sociedade), atividade comunicacional e conhecimento (os diversos tipos de saberes, individuais e coletivos, mobilizados na construção do sentido dos enunciados). Fazendo isso, a análise do discurso se distingue de outras disciplinas, que privilegiam uma só das três dimensões: os sociólogos acentuam a atividade comunicacional; os linguistas privilegiam o estudo das estruturas linguísticas ou textuais; os psicólogos enfocam as modalidades e as condições do conhecimento.

Refletir em termos de discurso é, então, necessariamente, articular espaços disjuntos, como já o sublinhava Foucault em *A arqueologia do saber*, quando situava seu empreendimento *entre* "realidade" e "língua", "as palavras" e "as coisas":

> Gostaria de mostrar que o discurso não é uma estreita superfície de contato, ou de confronto, entre uma realidade e uma língua, o intrincamento entre um léxico e uma experiência; gostaria de mostrar, por meio de exemplos precisos, que, analisando os discursos propriamente ditos, vemos se desfazerem os laços aparentemente tão fortes entre as palavras e as coisas, e destacar-se um conjunto de regras, próprias da prática discursiva. Essas regras definem não a existência muda de uma realidade, não o uso canônico de um vocabulário, mas o regime dos objetos. [...]. Tarefa que consiste em não – não mais – tratar os discursos como conjuntos de signos (elementos significantes que remetem a conteúdos ou a representações), mas como práticas que formam sistematicamente os objetos de que falam. Certamente, os discursos são feitos de signos; mas o que eles fazem é mais do que utilizar esses signos para designar coisas.

Aqui, o "discurso" não é apresentado como um território circunscrito, mas como um espaço incerto entre dois maciços, lá onde se "desfazem os laços aparentemente tão fortes entre as palavras e as coisas", entre a linguagem e o mundo. A proliferação incontrolável da noção de discurso aparece como o sintoma de uma abertura, nas últimas décadas do século XX, desse espaço incerto.

A situação dos "discursivistas", dos especialistas em discurso, está longe, então, de ser confortável. Eles têm de fazer esforços constantes para não reduzir o discursivo ao linguístico ou, inversamente, para não deixá-lo ser absorvido pelas realidades sociais ou psicológicas. Essa posição constitutivamente desconfortável não deixa de evocar o estatuto singular da filosofia. Não por acaso alguns dos principais inspiradores da análise do discurso são filósofos, ou pensadores que não podem ser encerrados em uma disciplina. Como a análise do discurso, a filosofia é um espaço de alguma maneira suplementar em relação às disciplinas que têm um objeto circunscrito; o que lhes confere ao mesmo tempo um potencial crítico considerável e as expõe à suspeita daqueles que operam no interior de territórios delimitados.

Não é de se estranhar que se tenha desenvolvido uma "teoria do discurso" — distinta da análise do discurso propriamente dita — que participa da discussão filosófica.

Esta "teoria do discurso" agrupa projetos intelectuais que combinam de diversas maneiras preocupações advindas do pós-estruturalismo, dos "*cultural studies*" e do construtivismo. Eles questionam os pressupostos das ciências humanas e sociais, em particular sobre a subjetividade, o sentido, o poder, a diferença sexual, a escrita, a dissidência, o pós-colonialismo... A principal referência, nesse sentido, é, sem dúvida, Michel Foucault. Podem-se também mencionar os trabalhos de J. Butler (1990, 1997) ou de G. C. Spivak (1987, 1990, 1999) que, no cruzamento da filosofia, do feminismo e do marxismo, se dedicam a criticar os paradigmas ocidentais. No domínio das ciências políticas, evocaremos a teoria pós-marxista da "hegemonia", defendida por E. Laclau e C. Mouffe (1985), muito influenciados por L. Althusser e J. Lacan.

Essa orientação filosófica crítica está presente desde as origens dos estudos de discurso. Vimos que, na França, no final dos anos 1960, coexistiram abordagens de orientação linguística e abordagens como a de M. Pêcheux, que visava fundar "uma teoria do discurso como teoria da determinação histórica dos processos semânticos" (Pêcheux e Fuchs, 1975: 8), uma teoria que não se deixava encerrar em nenhuma disciplina ou teoria constituída, mas que pretendia *intervir* nelas. Pode-se igualmente aproximar dessa "teoria do discurso" a filosofia da comunicação de J. Habermas, que desenvolve, com base em uma pragmática transcendental, uma "ética da discussão" no quadro de um "agir comunicacional" (1981).

Mas a maioria absoluta dos discursivistas não trabalha no campo da teoria do discurso; são *analistas* do discurso, que, com auxílio de múltiplos métodos, estudam *corpora*. São os que me interessam nesta obra. Eles podem ser distribuídos em duas populações com objetivos distintos.

Para a primeira, a análise do discurso é somente uma caixa de ferramentas no vasto conjunto dos "métodos qualitativos" das ciências humanas e sociais. Esses pesquisadores trabalham no interior de quadros definidos para a disciplina à qual pertencem: sociologia, história, ciências políticas, geografia... Eles apreendem o discurso como o que lhes oferece indícios que franqueiam ao pesquisador o acesso a "realidades" fora da linguagem. Tal procedimento tende a atenuar a fronteira entre as abordagens propriamente discursivas e outros métodos qualitativos, especialmente as técnicas de "análise de conteúdo"[1],

---

[1] Neste domínio, a obra de referência é a do especialista americano da comunicação B. Berelson, *Content Analysis in Communication Research* (1952). Ver também o manual de L. Bardin, *L'Analyse de contenu* (PUF, 2007, 1977).

que extraem sentido dos documentos criando categorias ligadas a seu conteúdo ou ao contexto de sua produção (a data ou o lugar de produção, o sexo dos produtores etc.). Isto levanta dificuldades; de fato, as problemáticas do discurso se legitimaram frequentemente por oposição aos pressupostos da análise de conteúdo. É o caso, por exemplo, de M. Pêcheux, que a recriminava por pretender "ter acesso ao sentido de um segmento do texto, atravessando sua estrutura linguística" (1969: 4), ou de N. Fairclough, para quem a análise de conteúdo tem "tendência a considerar a linguagem transparente, [...] a crer que o conteúdo social dos dados linguísticos pode ser lido sem prestar atenção à linguagem propriamente dita" (1992/2001: 20).

A segunda população agrupa os analistas do discurso que se pode dizer que são "canônicos", os que se interessam pela maneira pela qual, em uma sociedade determinada, a ordem social se constrói por meio da comunicação. Eles se esforçam para manter um equilíbrio entre a reflexão sobre o funcionamento do discurso e a compreensão de fenômenos de ordem sócio-histórica ou psicológica. A maioria desses pesquisadores se ancora fortemente nas ciências da linguagem. Sua pesquisa pode visar esclarecer uma questão estritamente discursiva (sobre a definição ou a tipologia dos gêneros de discurso, a pertinência de tais métodos etc.), mas pode também ter como propósito responder a problemas sociais (em particular de ordem educacional, política, sanitária) ou de questionar outros campos de saber (por exemplo, o que é a filosofia quando apreendida como discurso?) (Cossutta, 1995).

3

Discurso, texto, *corpus*

Se, nas obras de introdução, a noção de discurso é discutida, mesmo que seja para desenredar sua polissemia embaraçadora, o mesmo não ocorre com a noção de texto. No entanto, embora os analistas do discurso se concentrem naturalmente no termo "discurso", constata-se que empregam sem cessar o termo "texto", que interfere com "discurso" de uma forma nem sempre controlada. Alguns não consideram necessário estabelecer uma diferença entre eles: "Neste manual, os dois termos, *discurso* e *texto*, podem em geral ser considerados sinônimos" (Dooley, Levinsohn, 2001: 3). Outros o empregam para designar os dados a partir dos quais eles trabalham: "O material com o qual trabalham os analistas do discurso é constituído de dados efetivos de discurso, que são às vezes designados como textos" (Johnstone, 2008: 20). Mas, por mais cômodas que sejam essas soluções, elas não estão à altura da complexidade das relações entre os dois termos.

3.1 • Um discurso para cada texto?

A relação entre *texto* e *discurso* é muito diferente se associamos um só discurso a *um conjunto de textos* (1), ou um discurso a *cada texto* (2).

(1) No primeiro caso, os discursos existem para além dos textos particulares dos quais são compostos. Isto é mais nítido para

os pesquisadores que se situam em uma perspectiva próxima da de M. Foucault; o "discurso da psiquiatria", por exemplo, recobre um conjunto mais ou menos vasto de textos de gêneros muito diferentes (obras teóricas, regulamentos de hospitais, manuais...). Neste tipo de emprego, "discurso" pode corresponder a entidades de natureza muito diversa:

- uma disciplina ("o discurso da geografia", "da astronomia"...);
- um posicionamento em um campo ("o discurso comunista", "o discurso surrealista"...);
- uma temática ("o discurso sobre a segurança", "o discurso sobre a África"...);
- a produção associada a uma área determinada da sociedade ("o discurso jornalístico", "o discurso administrativo"...);
- produções verbais específicas de uma categoria de locutores ("o discurso das enfermeiras", "o discurso das mães de família"...).

(2) O segundo caso é aquele em que a *um* texto corresponde *um* discurso. Nesta passagem, por exemplo, o discurso é apresentado como o que "subjaz" a um texto:

> As pessoas produzem textos para fazer passar uma mensagem, para exprimir ideias e crenças, para explicar algo, para levar outras pessoas a fazer certas coisas ou a pensar de certa maneira, e assim por diante. Pode-se designar este conjunto complexo de objetivos comunicacionais como o **discurso** que sustenta o texto e é o motivo principal de sua produção. Mas, finalmente, são os leitores ou os ouvintes que devem construir o sentido a partir do texto, para fazer dele uma unidade comunicacional. Em outros termos, eles devem interpretar o texto como um discurso que faça sentido para si (Widdowson, 2007: 6).

Encontra-se aqui uma forma corrente de gerir a relação entre os dois termos, condensada na fórmula: Discurso = Texto + Contexto. Mas, para J.-M. Adam, que, em um primeiro momento, contribuiu amplamente para difundi-la, esta fórmula é enganosa:

> Ela dá a entender uma oposição e uma complementaridade dos conceitos de texto e de discurso, quando, na verdade, seria preciso dizer que esses dois conceitos se sobrepõem e se recobrem em função da perspectiva de análise escolhida (2011: 38).

3.2 • Três eixos principais

Os usos de "texto" podem ser agrupados em torno de, efetivamente, três eixos principais, que interessam à análise do discurso por razões diferentes:

- Encarado como *texto-estrutura*, o texto é objeto da linguística textual, disciplina que estuda as regularidades além da frase. O texto é então apreendido como uma rede de relações frase a frase (com a ajuda, por exemplo, das retomadas pronominais) ou de agrupamentos de frases (a narração ou a descrição, por exemplo, incidem sobre sequências textuais que podem ser mais ou menos longas). J.-M. Adam (2011: 103-160) agrupa em "cinco grandes tipos" as operações que asseguram essa coesão: "Cruzamentos do significado" (anáforas, correferência, isotopias), "cruzamentos do significante" (aliterações, paralelismos gramaticais), "implicações" (elipses, pressupostos, subentendidos), "conexões" (conectores, organizadores espaciais e temporais, marcadores enunciativos), "sequências de atos de discurso" (narração, argumentação...).
- Encarado como *texto-produto*, o texto é apreendido como o traço de uma atividade discursiva — oral, escrita, visual — relacionado a dispositivos de comunicação, a gêneros de discurso: desde os mais elementares (uma etiqueta numa mercadoria) às mais complexas (um romance).
  Um jornal diário, por exemplo, é constituído de uma multidão de artigos que são outros tantos textos-estruturas, mas podemos considerá-lo como um só texto-produto, o jornal, unidade de comunicação resultante de um gênero de discurso. Reciprocamente, pode ocorrer que um texto-produto, constituído de uma só frase, não seja um texto-estrutura: por exemplo, placas de trânsito nos quais se encontram frases como "Dirigir ou beber, é preciso escolher" ou "Homens trabalhando".
- Como *texto-arquivo*, o texto não está associado a uma atividade de discurso, mas é considerado como algo permanente, pela fixação em um suporte material ou na memória: pode ser transmitido, modificado, comentado, reempregado... Deste ponto de vista, se os enunciados são "raros", como o sublinha Foucault (1969: 155), não é somente porque, a partir da gramática e do léxico de que dispomos em uma época dada, há,

no total, poucas coisas que são ditas, mas também porque poucas coisas entre as coisas ditas são conservadas e entre elas poucas perduram[1].

A noção de texto-arquivo recobre de fato dois fenômenos muito diferentes:

- os textos materiais, inscritos em um suporte. Trata-se de realidades históricas cuja materialidade depende dos recursos tecnológicos disponíveis na época considerada: tabuletas de argila, pergaminho, escâner, gravador, base de dados digitais...;
- os textos considerados independentemente de um ou outro suporte físico particular. Quando se diz "este texto de Stendhal", pode-se estar designando com isso um objeto particular, determinado livro, mas também uma obra, apreendida sem levar em conta sua existência material ("é um texto de grande profundidade", "um texto que se comenta há um século"...).

As relações entre esses dois tipos de texto-arquivo estão longe de ser simples, como o sublinham Adam e Viprey, tomando como exemplo o conto de Perrault, *A bela adormecida*, para o qual dispomos, desde o começo, de diversos modos de existência editorial:

> Trata-se de substituir o conceito de texto concebido como unidade fechada sobre si mesma e acabada por um conceito de *texto em variação*, submetido a diversas edições das quais resultam estados sucessivos, identificáveis e reagrupáveis em *corpus*. Para *A bela adormecida*, ser publicado no *Mercure galant* de fevereiro de 1696 (T2) é aparecer em um co(n)texto sociodiscursivo (D2) muito diferente de *A bela adormecida* (T1), primeiro conto do sofisticado manuscrito dos *Contes de la mère Loye* de 1695, enviado à sobrinha do rei da França; contexto (D1) ele próprio muito diferente daquele de *A bela adormecida* (T3), primeiro conto das *Histoires ou Contes du temps passé*, publicado por Barbin em 1697 (D3) (Adam e Viprey, 2009: 20).

Além disso, neste caso, a variação é limitada; ela pode ser referida à iniciativa do próprio autor, no caso, Charles Perrault. Mas quando se trata de textos recopiados, reeditados, adaptados... durante longos períodos e que circulam por áreas muito vastas mediante gêneros muito diversos, as coisas se tornam muito complexas: qual é *o*

[1] Retomaremos esta questão na terceira parte, no capítulo 15.

texto que corresponde aos milhares de edições de *A bela adormecida* ou de *Cinderela*, surgidas no planeta desde o século XVII, quando se sabe que esta contagem não cessa de ser modificada?

Há casos piores: a própria noção de "texto" é historicamente variável:

> O conceito de texto, ligado ao particípio passado do verbo *texere* (*textus*: o que é tecido, trançado), possui uma conotação de fixidez e de fechamento estrutural que não corresponde nem à realidade da escrita medieval nem à das obras do Renascimento (Adam e Viprey, 2009: 11-12).

Como veremos (*infra*, parte II, capítulo 14), o pressuposto de que o texto constitui uma unidade fechada e estável é atualmente posto em questão pelo funcionamento da Web, por razões completamente diferentes.

O desenvolvimento de técnicas de registro da imagem e do som a partir do final do século XIX levou essas dificuldades ao paroxismo. A materialidade do texto se tornou plural. Hoje, um pronunciamento político pode se manifestar ao mesmo tempo por uma forma impressa, por um enunciado em um *site* da Web, por uma gravação em áudio veiculada por uma rádio, por um vídeo em um *site* de compartilhamento, por um DVD... Sem falar das versões em número indeterminado que foram realizadas por câmeras ou gravadores desse ou daquele espectador ou ouvinte.

3.3 • Texto e *corpus*

Destacamos três grandes áreas de emprego de "texto" que, por razões diferentes, interessam, todas três, à análise do discurso. Esta não pode estudar textos, a não ser que sejam convertidos em *corpus*. Um *corpus* pode ser constituído por um conjunto mais ou menos vasto de textos ou de trechos de textos, até mesmo por um único texto.

A diferença entre texto e *corpus* é essencial. Ela marca a fronteira entre, de um lado, as práticas de comentário tradicionais que tentam interpretar textos legados por uma tradição e, de outro, as abordagens em termos de discurso, que se pretendem resultado das ciências humanas e sociais. Os analistas do discurso não estudam *obras*; eles constituem *corpora*, eles reúnem os materiais que julgam necessários para responder a esse ou àquele questionamento explícito, em função das restrições impostas pelos métodos aos quais recorrem. Desse modo, analistas do discurso se afastam do modelo da leitura empática, do "contato vivo" com um texto concreto, que seria rico de um sentido inesgotável.

Aqui, se impõe uma distinção entre os *corpora* que agrupam textos previamente existentes e os *corpora* que resultam de uma transcrição. Uma carta, um jornal impresso, um livro... são textos prévios; por outro lado, uma conversa, um debate na TV só existem como textos em um *corpus* porque foram recortados e transcritos segundo certas convenções. É o que sublinha B. Johnstone:

> Capturando textos escritos instáveis em um momento particular ou gravando e transcrevendo discurso não escrito, nós lhes damos características de livros ou de outros textos prototípicos: fazemos deles objetos físicos; fixamos sua estrutura; nós os convertemos em escritos, quando se trata de discurso oral; damos-lhes fronteiras. Textos desse tipo não existem independentemente da escolha dos analistas do discurso em relação à forma de os "textualizar" (2008: 20).

Em função de seus objetivos e dos meios de que o pesquisador dispõe, a mesma atividade verbal pode, assim, dar lugar a um número ilimitado de "textos" diferentes, isto é, a transcrições distintas, destinadas a entrar em um *corpus*. Essas próprias transcrições podem se tornar textos-arquivo, objetos de estudo, por exemplo, no quadro de uma pesquisa que incidiria sobre as práticas desses ou daqueles analistas do discurso.

Com a utilização crescente da informática, distanciamo-nos cada vez mais de uma concepção dos textos como totalidades dadas que poderiam ser apreendidas por uma leitura atenta e justapostas nas bibliotecas. O crescimento incessante da potência dos computadores e da capacidade de armazenamento possibilita a integração de quantidades gigantescas de textos em enormes bases de dados, material a partir do qual muitos *corpora* podem ser elaborados pelos pesquisadores. Cada vez mais, estes são levados a trabalhar com dados selecionados e tratados para se tornarem *corpus*. O estatuto de intermediário incontornável assim conferido às bases de dados, situadas entre os textos produzidos no interior de atividades discursivas e os *corpora* de pesquisa, levanta problemas quanto à escolha dos textos selecionados, ao processamento a que os submetemos para armazená-los e classificá-los, à maneira pela qual são disponibilizados. Nesse nível, intervêm inevitavelmente questões políticas, como o mostram, por exemplo, os debates provocados pelo arquivamento sistemático dos impressos ao qual o Google se dedica em escala planetária.

A dupla formada por *discurso* e *texto* remete a uma polaridade constitutiva de todo estudo da comunicação verbal: a fala se apresenta ao mesmo tempo como uma atividade e como uma configuração de signos a analisar. Bastam transformações ideológicas ou inovações tecnológicas (as duas estão, em geral, associadas) para modificar profundamente as condições da textualidade e, consequentemente, a relação entre texto e discurso. Ela deve ser levada em conta em cada tipo ou gênero de discurso que se estuda, em função das questões que o pesquisador se põe e de suas escolhas metodológicas.

4

As disciplinas do discurso

Antes mesmo de analisar o espaço de pesquisa consagrado ao discurso utilizando categorias como "disciplina", "abordagem", "corrente"..., é preciso nomeá-lo. Ora, nesse ponto, a situação é confusa. Em escala internacional, nos manuais de introdução ou nas antologias, é claramente o termo "análise do discurso" ("*discourse analysis*") que domina. Mas vimos desenvolver-se também, com base no modelo dos "*studies*" anglo-saxônicos ("*gender studies*", "*gay studies*" etc.), o uso do termo "*discourse studies*[1]", cujo plural abrangente permite agrupar pesquisas extremamente diversas.

Para analisar essa diversidade, procede-se em geral de duas maneiras: ou se enumera um grande número de "abordagens" do discurso, apoiando-se em uma concepção muito pouco restritiva do que seja uma "abordagem", ou se estrutura o campo em torno de alguns grandes princípios de divisão: é a segunda opção que vamos privilegiar.

---

[1] Esse é, aliás, o título de uma das principais revistas da área: *Discourse Studies*, dirigida por T. van Dijk e publicada pela Sage (Londres). Na América Latina, os discursivistas se agrupam na ALED (Associação Latino-Americana de Estudos do Discurso). No momento, em escala internacional, é "análise do discurso" que domina amplamente; uma pesquisa no Google (12 de maio de 2015) dá 315.000 ocorrências para "*discourse studies*" e 2.990.000 para "*discourse analysis*".

4.1 • As abordagens

A primeira maneira de gerir a diversidade desse imenso campo consiste, como dissemos, em estabelecer uma lista aberta de "abordagens". É o caminho mais comumente empregado pelos manuais. Por exemplo:

> Este livro é uma introdução a *uma* abordagem da análise do discurso (análise do uso da língua). Há numerosas abordagens em análise do discurso [...]; nenhuma, esta incluída, é a única "verdadeira". (Gee, 2005: 5)

Mais que em "abordagens", alguns preferem falar de "abordagens metodológicas", outros, de "métodos", cujo sentido é equivalente.

Assim, o manual de S. Titscher, M. Meyer, R. Wodak e E. Veter (2000), *Methods of Text and Discourse Analysis*, transforma os "métodos" anunciados no título em doze "abordagens". Por sua vez, M. Stubbe *et al.* (2003) testam cinco "abordagens" ("*conversation analysis*", "*interactional sociolinguistics*" [Gumperz], "*politeness theory*" [Brown e Levinson] "*critical discourse analysis*", "*discoursive psychology*" [Potter e Wetherell] a partir de um mesmo fragmento de conversação: nove minutos de uma entrevista entre um homem e uma mulher em seu local de trabalho na Nova Zelândia. Mas esses autores também evocam a possibilidade de recorrer a outras "abordagens", entre as quais a pragmática, a teoria dos atos de fala, a linguística sistêmico-funcional[2], a semiótica, a proxêmica[3] e "diversos tipos de análise retórica, estilística, semântica e narrativa" (2003: 351).

Este modo de apresentação segundo abordagens tem o mérito de não ser dogmático, mas ele suscita dificuldades. De fato,

- ele induz a uma concepção discutível dos estudos de discurso: a de um vasto mercado em que seria proposta aos pesquisadores uma multiplicidade de "abordagens", entre as quais eles fariam suas escolhas em função de suas necessidades;

---

[2] Trata-se do modelo de língua elaborado pelo linguista britânico M. A. K. Halliday (nascido em 1925) nos anos 1960-1970.

[3] A proxêmica é o estudo da proxêmia, isto é, da distância física variável segundo as culturas, que se estabelece entre as pessoas envolvidas numa interação. Suas bases foram propostas pelo antropólogo Edward T. Hall (1966). Distinguem-se habitualmente quatro "zonas" de proximidade: íntima (para beijar, cochichar), pessoal (para os amigos), social (para os conhecidos) e pública.

- pode dar a impressão de que existiria um objeto estável — os dados — analisável por meio de diversas "abordagens" que enfatizam um ou outro aspecto. O problema é que os "dados" não são independentes das abordagens que os estudam; cada abordagem contribui de maneira decisiva para construir seus *corpora*;
- essas "abordagens" recobrem, de fato, realidades muito heterogêneas. Na lista proposta pelo manual *Methods of Text and Discourse Analysis*, por exemplo, encontram-se às vezes verdadeiras disciplinas (como é o caso da semiótica ou da estilística), correntes de estudos do discurso (etnografia da comunicação, análise crítica do discurso...), modelos do funcionamento da língua (caso da linguística sistêmico-funcional), componentes de toda interação verbal (proxêmica, polidez, atos de fala...), concepções da linguagem, que não são próprias de uma corrente (a pragmática).

4.2 • Das abordagens às disciplinas

Parece-nos, então, mais de acordo com a realidade da pesquisa não submeter tudo ao termo muito pouco especificado de "abordagem". Pode-se, assim, explorar a distinção entre "estudos de discurso", que designa o conjunto das pesquisas vinculadas às problemáticas do discurso, e "análise do discurso", conferindo a esta última um sentido mais restritivo.

Numerosos especialistas apoiam-se nessa distinção entre estudos de discurso e análise do discurso, mas nem todos eles têm a mesma concepção da especificidade da análise do discurso. A maneira mais simples de marcar esta especificidade é sublinhar que a análise do discurso confere uma atenção particular aos fatos de língua.

> O que distingue a análise do discurso de outros tipos de estudo que incidem sobre a linguagem e a comunicação nada tem a ver com as questões que os analistas do discurso formulam, mas com a maneira pela qual eles se esforçam para responder a elas: analisando o discurso – isto é, examinando aspectos da estrutura e da função da língua tal qual ela é utilizada (Johnstone, 2008: 4).

Mas tal caracterização da análise do discurso é pouco especificadora. Ela não diz nada sobre a perspectiva adotada pelo pesquisador (sociolinguística, narratológica, retórica etc.), nem sobre o tipo de objeto estudado: pouco importa que se trate de uma conversa de bar, de um tratado filosófico, de bate-papo no trabalho ou de um discurso político.

A solução que preferimos consiste em considerar que a análise do discurso é *uma disciplina* no interior dos estudos do discurso (Maingueneau, 1995). Nessa perspectiva, o discurso não é considerado como um dado: ele só pode se tornar verdadeiramente objeto de conhecimento se for assumido por alguma disciplina que se caracterize por um *interesse* específico. As diversas disciplinas do discurso (sociolinguística, retórica, análise do discurso, análise da conversação...) não são realidades trans-históricas: sabe-se, por exemplo, que o campo da retórica tradicional variou no curso da história e que novas disciplinas aparecem, outras desaparecem. Mas podemos formular a hipótese de que, a partir do momento em que elas adquiriram certa estabilidade, sua existência não é arbitrária: ela tem algo a dizer sobre o funcionamento do discurso.

A existência de disciplinas está ligada ao fato de que a pesquisa é uma atividade arraigadamente cooperativa que — para além dessa ou daquela corrente ou escola — exige espaços sociais de partilha dos produtos científicos, das comunidades de pesquisadores (que não têm, aliás, o mesmo funcionamento nas ciências exatas e nas ciências humanas e sociais). A sociologia das ciências destacou o papel essencial exercido por essas comunidades na elaboração da produção científica. Há, de fato, uma interação essencial entre a vertente conceitual e a vertente institucional da pesquisa:

> Espaço social de legitimação de saberes, uma disciplina é, indissociavelmente, um espaço lógico de construção de argumentações (Berthelot, 1996: 99-100).

As comunidades de pesquisadores de uma mesma disciplina se interessam pelas mesmas problemáticas, trocam informações, participam de maneira privilegiada dos mesmos grupos (redes, listas de divulgação, colóquios, jornadas de estudos, bancas de tese...) e constam nas mesmas redes de referências bibliográficas. Distinguimos duas disciplinas do discurso, por exemplo, "a análise da conversação" e "a análise do discurso", por razões ligadas a seu objeto (existe uma especificidade nas conversações entre os produtos verbais) e por razões de funcionamento das comunidades científicas correspondentes (a observação das formas de trabalhar, dos colóquios, dos suportes de publicações, das referências bibliográficas mostra que os pesquisadores desses dois domínios ocupam espaços distintos, mesmo que em numerosas circunstâncias sejam levados a se encontrar).

O interesse específico que rege a análise do discurso é relacionar a estruturação dos textos aos lugares sociais que os tornam possíveis e que eles tornam possíveis. Aqui, a noção de "lugar social" não deve ser apreendida de maneira imediata: pode se tratar, por exemplo, de um posicionamento em um campo discursivo (um partido político, uma doutrina religiosa ou filosófica...). O objeto da análise do discurso não são, então, nem os funcionamentos textuais, nem a situação de comunicação, mas o que os amarra por meio de um dispositivo de enunciação simultaneamente resultante do verbal e do institucional. Nessa perspectiva, pensar os lugares independentemente das falas (reducionismo sociológico) ou pensar as falas independentemente dos lugares dos quais são parte pregnante (reducionismo linguístico) é permanecer aquém das exigências que fundam a análise do discurso. Quer entremos no discurso pelo viés de sua inscrição social ou pelo dos funcionamentos linguísticos, somos levados, de um modo ou de outro, a encontrar sua outra vertente.

Assumir essa concepção de análise do discurso é dar um papel central a diversas problemáticas, em particular, à do *gênero de discurso*, que opera a articulação entre texto e situação de comunicação (cf. *infra*, parte II, capítulo 9). Seu campo de aplicação foi ampliado à totalidade das produções verbais, especialmente nos Estados Unidos, graças às contribuições da etnografia da comunicação (Hymes, 1964), e na Europa, graças à difusão das ideias de M. Bakhtin[4].

O discurso só pode ser verdadeiramente estudado por meio de tal ou qual disciplina fundada em um interesse específico, mas os pontos de vista de diversas disciplinas podem se completar no interior de uma pesquisa. Suponhamos, por exemplo, que seja necessário estudar um debate televisionado. O analista da conversação ou o especialista em retórica não enfatizarão os mesmos aspectos que

---

[4] Sobre esta questão, o texto principal é *Estética da criação verbal*. Trad.: Maria Ermantina G. G. Pereira. São Paulo: Martins Fontes, 2003.

o analista do discurso enfatizará. O primeiro se interrogará sobre a negociação dos turnos de fala, a preservação das faces dos participantes, as hesitações etc. O especialista em argumentação centrará sua atenção no auditório visado, suas crenças, a natureza e o modo de encadeamento dos argumentos, o *ethos* do locutor, as alianças que se fazem e se desfazem no curso da interação etc. Quanto ao analista do discurso, ele levará em conta as propriedades do próprio gênero de discurso, os papéis sociodiscursivos que ele põe em relação (animador, convidado), as diferentes estratégias de legitimação dos locutores, a maneira de cada um ajustar seu posicionamento ideológico às restrições impostas pelo gênero e pela conjuntura na qual eles falam etc. Mas, para levar a bom termo sua tarefa, o analista de discurso não pode ignorar as contribuições da análise da conversação ou da retórica, que ele vai integrar, seguindo um procedimento fundado nos interesses específicos da análise do discurso.

Se nos ativermos ao exemplo que acabamos de evocar, poderemos ter a impressão de que os "mesmos" materiais (no caso, um debate televisivo) poderiam ser abordados por essas diversas disciplinas. De fato, mesmo que não existam materiais que sejam propriedade exclusiva de uma disciplina do discurso, é indiscutível que cada uma tem seus *corpora* privilegiados. Um analista do discurso será *a priori* pouco apto a estudar as interações orais ordinárias, já que se trata, de fato, de práticas verbais que dificilmente podem ser relacionadas a um lugar institucional ou a um posicionamento ideológico identificável. Por sua vez, um analista da argumentação prestará atenção especial ao discurso publicitário e nenhuma atenção aos rituais, enquanto um analista da conversação não terá predileção alguma pelos diálogos filosóficos, que não são interações autênticas, mas textos concebidos por um autor. Por sua vez, os analistas do discurso filosófico serão forçados a explorar os trabalhos da análise das conversações, mesmo que seja para compreender em que, exatamente, não são conversações "normais".

4.3 • Os limites do recorte por disciplinas

Dizer que os estudos do discurso são um espaço no qual diversas disciplinas interagem constantemente não significa que toda pesquisa desenvolvida neste espaço derive de uma disciplina. De fato, numerosos trabalhos têm um desígnio fortemente descritiva. Como não privilegiam o debate sobre os métodos, os conceitos ou os pressupostos teóricos de seu procedimento, seria artificial querer vinculá-los a uma disciplina determinada. Seus resultados podem ser postos a serviço de diversas disciplinas.

Além disso, as disciplinas são, elas próprias, um lugar de confrontação entre múltiplas "correntes" ("escolas", "teorias"...), como é a regra nas ciências humanas e sociais. Um grande número de pesquisadores não raciocina em termos de disciplinas, mas de correntes. Idealmente, uma corrente associa certa concepção do discurso e da finalidade de seu estudo a um aparato conceitual e metodológico específico. Na prática, lida-se sempre com um *continuum*: em uma extremidade, encontram-se correntes com forte pegada teórica, mas que não estão associadas a métodos precisos; na outra extremidade, lida-se com métodos ligados a pressupostos teóricos menos explicitados e que são compatíveis com diversas perspectivas teóricas sobre a discursividade.

A própria tensão entre disciplinas e correntes é um dos motores da pesquisa. Mesmo que muitos pesquisadores se inscrevam em uma corrente sem se preocupar com o pertencimento disciplinar, são as correntes que asseguram a estabilidade do campo, instituindo objetos *partilhados*. Na disciplina de análise da conversação, por exemplo, os pesquisadores podem pertencer a correntes diferentes: a análise conversacional de inspiração etnometodológica (H. Garfinkel), a sociolinguística interacional (J. Gumperz), a "psicologia discursiva" (J. Potter) etc. Mas eles podem também misturar os conceitos e os métodos provenientes dessas diversas correntes.

As diversas correntes não se deixam necessariamente fechar em uma só disciplina. Por exemplo, uma especialista em retórica (Amossy, 2012) que trabalha em uma perspectiva da análise do discurso tem a ver ao mesmo tempo com a retórica e com a análise do discurso. O mesmo ocorre com pesquisadores de sociolinguística interacional como J. Gumperz, por exemplo, para os quais não faz muito sentido perguntar se o que fazem é sociolinguística ou análise das conversações, mesmo que sejam avaliados de maneira diferente conforme sejam considerados por sua contribuição a uma ou outra dessas disciplinas.

Ao lado das disciplinas e das correntes, podemos distinguir uma terceira forma de agrupamento dos pesquisadores que não se fundamenta em pressupostos teóricos e metodológicos. Trata-se do que se poderia chamar de *territórios*, que correspondem a um setor da vida social ou a um tema mobilizador mais ou menos circunscrito: a televisão, o hospital, a administração, os usos da Web, a pobreza, os jovens de periferia, o turismo, a política europeia, as novas tecnologias e a educação, a construção da notoriedade científica... São fenômenos sociais percebidos em determinado momento como importantes — qualquer que seja a razão —, cujo estudo é considerado necessário por um conjunto de pesquisadores. Esses territórios, em função de sua temática, podem agrupar unicamente discursivistas de diversas disciplinas ou correntes (como regra geral, encontram-se então publicações do tipo "o discurso de X"), ou, então, agrupar pesquisadores provindos de diversos campos (linguistas, médicos, etnólogos, historiadores, psicólogos...). No último caso, reencontra-se o princípio do recorte dos *studies* anglo-saxônicos: *gender, disabled, porn, postcolonial... studies.* O desenvolvimento desses territórios é altamente favorecido pelo fato de a pluri-, a trans- a interdisciplinaridade serem hoje altamente recomendadas pelas políticas de pesquisa e por ser mais fácil obter financiamento para uma pesquisa quando ela se refere a um assunto que faz diretamente parte das preocupações de certos setores de uma sociedade. Um mesmo pesquisador pode participar de um ou de diversos territórios, os quais estão, aliás, em constante renovação, já que, geralmente, sua existência está ligada a preocupações conjunturais.

A pesquisa realizada no quadro dos territórios não pode ser reduzida a uma espécie de aplicação sem alcance teórico. Ela é parte integrante dos estudos de discurso, por natureza situados em múltiplos cruzamentos das ciências humanas e sociais. Há uma dinâmica criadora na pluridisciplinaridade: o simples fato de, durante um logo período, os pesquisadores de disciplinas diferentes colaborarem num mesmo território pode ter consequências tanto no plano teórico quanto no institucional. Aparecem novos objetos, que exigem novos métodos e novos conceitos, o que pode levar à criação de novas correntes, eventualmente, de novas disciplinas.

Essa caracterização dos estudos do discurso que distingue disciplinas, correntes e territórios nos parece mais realista do que aquela que raciocina em termos de "abordagens": ela se coaduna melhor com a complexidade do campo. Mas esta é apenas uma das maneiras, entre outras, de recortar os estudos do discurso. Dados a diversidade desse espaço, os conflitos de todas as ordens que o atravessam, sua ausência de fronteiras claras, sua natureza fundamentalmente interdisciplinar, pode-se recortá-lo de diversas maneiras, em função dos objetivos que se tem. Essa é, aliás, a regra no conjunto das ciências humanas e sociais, onde cada corrente categoriza o campo de pesquisa de que participa em função de seus próprios interesses. Pode-se, por exemplo, opor globalmente os trabalhos sobre a conversação a todos os outros, distinguir as pesquisas de inspiração norte-americana das de inspiração europeia, analisar o campo em função dos pertencimentos institucionais dos pesquisadores, em função das metodologias que eles seguem, do caráter crítico ou não de sua pesquisa, de sua relação com os problemas sociais etc. Contudo, é preciso ter em mente que esses recortes não se situam todos no mesmo plano. O que esboçamos neste capítulo se apoia no funcionamento do conjunto das ciências humanas e sociais, não apenas no domínio dos estudos do discurso.

5

Uma análise crítica?

Os estudos de discurso, tanto quanto o conjunto das ciências humanas e sociais, oscilam entre dois objetivos: analisar funcionamentos e exercer um poder "crítico". Não falamos de análise "crítica" quando a pesquisa procura, por exemplo, tornar mais eficazes os protocolos terapêuticos no hospital ou lutar contra o fracasso escolar. Para que se possa falar verdadeiramente de "crítica", é necessário haver a decisão de desvendar interesses que o discurso, por natureza, tentaria dissimular, uma decisão de desmontar processos que abrem caminho à violência, à discriminação, à injustiça... Algumas correntes dos estudos de discurso, desde os anos 1960, têm feito do exercício desse poder crítico sua razão de ser. É o caso, como vimos, de Michel Pêcheux, que se apresentava como marxista. A partir dos anos 1990, desenvolveu-se uma vasta corrente — essencialmente anglófona — que se designa como uma "análise *crítica* do discurso" ("*Critical Discourse Analysis*")[1]. Põe-se, então a questão da natureza da relação entre "análise crítica do discurso" e "análise do discurso": será qualquer análise do discurso destinada a ser crítica? Se sim, qual o sentido que se deve dar ao adjetivo "crítica"?

---

[1] Citaremos especialmente os nomes de N. Fairclough, T. van Dijk e R. Wodak. Para uma apresentação, ver, por exemplo, Wodak e Meyer (orgs.) (2009). Pode-se consultar também o número 27 (2009) da revista *SEMEN*: "*Critical Discourse Analysis* 1. Les notions de contexte et d'acteurs sociaux".

5.1 • Análise da linguagem e crítica

Os trabalhos que se apresentam como análise crítica do discurso enraízam-se na paisagem intelectual e política contemporânea, como o mostram seus temas prediletos (racismo, machismo, neocapitalismo...). Mas também prolonga procedimentos que, pelo menos no Ocidente, são tão antigos quanto a reflexão sobre a linguagem. Desde a antiguidade grega, a desconfiança em relação aos poderes nefastos da linguagem natural foi consubstancial ao empreendimento filosófico, que pretendia fundar a diferença entre seu próprio discurso e o que a filosofia considerava um uso pernicioso da linguagem. Assim, Platão critica a sofística, acusada de pôr a linguagem a serviço das paixões e dos interesses, e lhe opõe um exercício da linguagem de acordo com o Bem, a dialética. A crítica dos poderes nefastos da linguagem acompanhou em seguida a história da filosofia, com períodos de maior ou menor intensidade. Em nome de exigências diversas, tratava-se de denunciar as "ilusões" que seriam engendradas pela linguagem, em particular, a ilusão recorrente que é a metafísica.

A análise crítica do discurso contemporânea incide sobre as disfunções sociais, muito frequentemente expressas em termos de "poder" ou de "desigualdade social":

> A CDA [*Critical Discourse Analysis*] visa estudar de maneira crítica a desigualdade social tal como é expressa, constituída, legitimada e assim por diante pelo uso da língua (ou discurso) (Wodak e Meyer, 2009: 10).

Isto passa pela atualização dos processos ocultados no discurso e que só uma análise rigorosa pode revelar.

Tal procedimento é semelhante também aos empreendimentos que visaram mostrar como o discurso é posto a serviço de interesses escusos, o mais das vezes inconscientes. Pensamos, evidentemente, na psicanálise, que, por meio da reinterpretação de Freud por Lacan, acompanhou, aliás, a emergência da análise do discurso na França. Podem-se citar também os pensadores jansenistas da segunda metade do século XVII, que, para explicar como se instala no homem a tendência a pecar, sublinharam o papel crucial desempenhado pela interação verbal. Para Pierre Nicole, por exemplo, haveria, assim, uma "infecção geral espalhada na linguagem dos homens" (1701, I: 69):

> Nossas quedas vêm ordinariamente de nossos falsos julgamentos; nossos falsos julgamentos, de nossas falsas impressões; e essas falsas impressões do comércio que mantemos uns com os outros pela linguagem. Essa cadeia infeliz nos precipita no inferno (...). Na maioria das vezes, se essas ideias se formam em nós, é porque ainda éramos incapazes de julgar as coisas por nós mesmos e também porque recebíamos somente as impressões que nos são comunicadas pelas falas (...). O que outros falaram imprimiu em nós a ideia de seus movimentos; e nos acostumamos a observá-los da mesma forma e a incorporar esses mesmos movimentos e as mesmas paixões. *A via ordinária pela qual recebemos as falsas ideias é a linguagem...*[2] (1701, II: 58-59).

Encontra-se aqui uma ideia familiar à da análise crítica do discurso, expressa assim por van Dijk a propósito de preconceitos raciais:

> Os preconceitos étnicos e as ideologias não são inatos [...]. Eles são adquiridos e aprendidos, e isso em geral ocorre por meio da comunicação, por meio dos textos e das conversas (2001: 147).

Mas, para os jansenistas, diferentemente do que se passa hoje com a análise crítica do discurso, a denúncia dos poderes nefastos da linguagem não desemboca em um verdadeiro método de análise.

Se, para os jansenistas, as interações ordinárias são tão perniciosas assim, é porque são governadas, sem que o saibamos, por uma força inconsciente que os jansenistas chamam de "amor-próprio", isto é, "o amor-próprio de si e de todas as coisas para si" (La Rochefoucauld), uma força que é, por natureza, força de dissimulação:

> Nada é mais impetuoso do que seus desejos, nada é tão oculto quanto seus desígnios, nada é mais hábil do que suas condutas; suas flexibilidades não podem ser representadas[3] (La Rochefoucauld, (1665) 1965: 113).

Esta concepção de um discurso que seria governado por potências ocultas torna necessário o recurso a análises decorrentes do que poderíamos chamar de hermenêutica "obscura", que se opõe, ponto a ponto, a uma hermenêutica que poderíamos chamar de "clara", que

---

[2] Itálico acrescido.

[3] Essa célebre máxima se encontra na primeira edição de suas *Réflexions et Sentences ou Maximes Morales* (1665). Foi eliminada pelo autor na segunda edição.

nos é mais familiar, a que estuda os enunciados (literários, filosóficos, religiosos, políticos...) detentores de autoridade sobre determinada coletividade. Tal hermenêutica clara implica diversos pressupostos:

- que o texto considerado seja singular, extra-ordinário: por meio dele, uma Fonte transcendente nos envia uma mensagem;
- que esta mensagem trate de questões essenciais para nós, que a lemos;
- que esta mensagem esteja necessariamente oculta;
- que seja necessária uma exegese, uma "leitura" não imediata do texto para decifrá-lo: o comum dos mortais não tem acesso direto a ela.

Em tal dispositivo, quanto mais interpretado, tanto mais o texto parece enigmático. Sempre além da contingência dos intérpretes que se ligam a ele, considera-se que ele oculte um "outro sentido", que não pode ser nem literal nem trivial.

Diferentemente, na hermenêutica "obscura", os textos não são comentados para que sua autoridade saia reforçada, mas para arruinar a autoridade que eles pretendem ter, para pôr em evidência o inconfessável que eles mascarariam. Os textos assim estudados não precisam ser extra-ordinários; a análise pode incidir sobre qualquer texto: da conversação mais banal aos textos religiosos, passando pelos jornais. Mesmo quando o texto se quer extra-ordinário, ele é reconduzido ao ordinário e, em vez de a análise aumentar a profundidade e a riqueza do sentido dos textos, ela as empobrece. Por meio do texto estudado, não é uma Fonte transcendental que se exprime, mas um ou vários poderes negativos (racismo, machismo, egoísmo...), que servem para manter de pé uma dominação. Daí advém o caráter inevitavelmente oculto do sentido, que é preciso extrair:

> *Crítica* implica que se mostrem conexões e causas ocultas (Fairclough, 1992: 28).

Tanto quanto na hermenêutica clara, na hermenêutica obscura faz-se necessária, portanto, uma verdadeira exegese, uma leitura que vá além do sentido superficial do texto para decifrar o interesse inconfessável que nele está dissimulado. Este trabalho de análise exige não somente o domínio de técnicas que são objeto de um aprendizado, mas também uma relação privilegiada do analista com os valores opostos aos poderes produtores do sentido oculto: um racista não poderia ser um bom analista crítico do racismo. O analista crítico está, assim, constantemente sob ameaça da acusação de ser apenas um pesquisador como os outros, de ser cooptado, ele também, pelos jogos de poder que pretende denunciar. A partir do momento em que se exerce uma função crítica, é preciso aceitar ver a crítica voltar-se contra si mesmo. O analista do discurso pode, desse modo, conduzir uma crítica dos próprios pressupostos teóricos que impedem os analistas, sem disso estarem conscientes, de perceber a dimensão ideológica dos textos que estudam. Por exemplo, uma versão marxista da análise crítica do discurso vai criticar a dominação, nas ciências humanas e sociais, de postulados "idealistas" que estariam a serviço de interesses de classe; uma versão feminista vai desvelar a dominação masculina, "patriarcal" na maneira pela qual se exerce a atividade científica.

O problema é, evidentemente, que não existe ponto de vista sobranceiro e neutro. A suspeita não tem fim. Todo empreendimento crítico deve conviver com o temor de ver-se acusado de ter sucumbido àquilo que pretendia desmontar (Billig, 2003, 2008)[4]. Jamais seguro em relação à fronteira que o separa daquilo que recusa, ele se obriga a trabalhar nessa incerteza.

5.2 • Diversos tipos de análise crítica

No nível mais imediato, o caráter crítico de uma pesquisa em análise do discurso se manifesta por meio dos objetos de estudo que ele escolhe: racismo, sexismo, antissemitismo, fascismo... Assim, T. van Dijk descreve a análise crítica do discurso como "uma análise sociopolítica (*conduzida por cientistas*) que estuda as diferentes formas de poder (ou de abuso de poder) nas relações entre os sexos, as raças e as classes" (1996: 27).

Mas tal procedimento não implica necessariamente que toda análise do discurso deveria, por direito, ser crítica. Alguns analistas críticos do discurso preferem preservar a distinção entre análise do discurso e análise crítica. A última aparece, então, como um simples

---

[4] M. Billig ("*The Language of Critical Discourse Analysis: The Case of Nominalization*"), por exemplo, submeteu textos resultantes de análise crítica do discurso a uma análise crítica, para demonstrar que os analistas críticos "tendem a usar, e com isso ilustrar, as próprias formas linguísticas cujo potencial ideológico eles denunciam" (Billig, 2008: 783).

subconjunto dos estudos do discurso, um tipo de pesquisa especializada na crítica das disfunções sociais.

Existem, em compensação, posições muito mais radicais, que associam ao próprio projeto das ciências humanas e sociais um desígnio de transformação política. Os que adotam esse ponto de vista, que podem se considerar filiados à teoria crítica ("*Kritische Theorie*") da Escola de Frankfurt, se recusam, assim, a colocar uma teoria com finalidade crítica ao lado de outras que não o seriam: eles afirmam a finalidade radicalmente crítica de toda atividade teórica, que deve ser animada por um ideal de emancipação. Tende-se, assim, a apagar a própria distinção entre análise do discurso e análise crítica do discurso.

O apagamento desta distinção pode ser feito invocando a própria natureza do discurso. É, por exemplo, o que decorre da posição da "linguística crítica", tal como apresentada por G. Kress:

> A questão crucial para mim era: o que torna possível a diferença no uso da língua? Para mim, a resposta era o "poder". O poder estava em jogo em qualquer (inter)ação linguística (2001: 35).

Kress extrai daí a consequência de que:

> "Crítica", como é normalmente implicada numa expressão como "sociolinguística crítica", é, doravante, redundante (2001: 37).

Essa atitude se junta à de um analista do discurso como J. P. Gee, que insiste na dimensão "política" de toda enunciação:

> O uso da língua é sempre e em todo lugar "político" [...]. Por "político" quero dizer a maneira pela qual os bens públicos (*social goods*) são pensados, discutidos e distribuídos na sociedade. Os "bens públicos" são todas as coisas que um grupo crê serem fonte de poder, de *status*, de valor, de dignidade (2005: 1-2).

Em um quadro teórico muito diferente, o do marxismo althusseriano, Michel Pêcheux e seus colaboradores desqualificavam qualquer semântica que se pretendesse desligada da luta de classes (Pêcheux, 1975; Gadet e Pêcheux, 1981).

Os defensores dessa concepção forte de análise crítica tendem a avaliar seus conceitos e seus aparatos metodológicos apoiando-se em uma argumentação filosófica: para eles, conceitos e métodos não são simples ferramentas, mas devem também ser objeto de uma crítica. Por exemplo, quando Pêcheux situava o estudo da enunciação como "ponto central" de seu empreendimento, ele revelava imediatamente qual é a concepção de enunciação que convém assumir para não sucumbir às "ilusões" do "idealismo":

> Se definirmos a enunciação como a relação sempre necessariamente presente do sujeito enunciador com seu enunciado, então aparece claramente, no próprio nível da língua, uma nova forma de engano segundo a qual o sujeito se encontra na fonte do sentido ou com ela se identifica: o discurso do sujeito se organiza por referência (direta, diferida), ou por ausência de referência à situação de enunciação (o "eu-aqui-agora" do locutor) que ele experimenta subjetivamente como outras tantas origens quantos são os eixos de referenciação (eixo das pessoas, dos tempos, das localizações). [...] Em um texto anterior, M. Hirsburnner e P. Fiala notavam, a este respeito, comentando as propostas de Benveniste: "[...] opondo a liberdade do sujeito individual à necessidade do sistema da língua, colocando a língua como mediação entre o sujeito e o mundo, e o sujeito como se apropriando do mundo por meio da língua, e a língua por meio do aparato da enunciação, Benveniste apenas transpõe em termos linguísticos noções filosóficas que, longe de serem neutras, se ligam diretamente à corrente idealista" (Hirsbrunner e Fiala, 1972: 26-27; Pêcheux e Fuchs, 1975: 18).

A nosso ver, por sua própria forma de proceder, a análise do discurso tem uma força crítica, mesmo que os pesquisadores não se interessem por temas sensíveis como o machismo ou o neocapitalismo, mesmo que eles não considerem que as ciências humanas e sociais devem estar a serviço de uma emancipação. Pode-se, assim, contestar a própria ideia de que haveria uma análise do discurso sem nenhuma dimensão crítica e outra que se caracterizaria por uma finalidade crítica plenamente assumida.

Já pela própria escolha dos *corpora* que se atribui, o estudo do discurso repousa sobre avaliações. Em relação à infinidade dos *corpora* possíveis, os que são estudados são "raros"; o simples fato de se interessar por eles implica inevitavelmente assumir um posicionamento, ligado a interesses de ordem muito diversa. Por exemplo, não é por acaso que, em seus inícios, a análise do discurso francesa privilegiou os *corpora* políticos, e, entre eles, quase exclusivamente os de esquerda. Foi necessário esperar os anos 1980 para que *corpora* de direita fossem levados em conta, e mesmo assim, tratava-se essencialmente dos de extrema-direita. Se os partidos centristas ou da direita moderada, que, no entanto, desempenham um papel-chave na política, foram pouco abordados, foi sem dúvida alguma porque não havia interesse dos analistas, que constroem sua autoridade por meio dos objetos que abordam. Sobre essa questão, a sociologia das ciências multiplicou as pesquisas. Reconhecer a existência de tais interesses é simplesmente reconhecer que a análise do discurso também é discurso, e que, ao falar do mundo, os locutores também procuram legitimar a posição de enunciação que constroem.

O caráter fundamentalmente crítico dos estudos de discurso se manifesta também por meio de seu poder dessacralizador. De fato, um discursivista se recusa a considerar que certas áreas da produção verbal poderiam não ser objetos de estudo legítimos. Uma análise dos grafites, das conversas, dos romances pornográficos, dos panfletos publicitários ou dos textos administrativos é tão legítima quanto uma análise do discurso filosófico ou literário: quaisquer que sejam suas diferenças de prestígio, pode-se distribuí-los num mesmo espaço, apreendê-los por meio dos mesmos conceitos, pensar suas relações na unidade do interdiscurso. O que não significa, evidentemente, que esses diversos tipos de texto tenham o mesmo estatuto. Aliás, encontra-se aqui um dos valores assumidos pela noção de crítica: no século XVII, falava-se de "crítica" para caracterizar o estudo racional dos textos antigos, especialmente, os da Bíblia. A este respeito, pode-se evocar a *História crítica do Antigo Testamento* (1678), de Richard Simon, na qual o texto sagrado era tratado como um texto profano. Em um quadro muito diferente, a análise do discurso tem como efeito dissipar a aura que cerca os textos mais valorizados, os mais consagrados. Mas, igualmente, o de dar valor a uma infinidade de enunciados até então invisíveis, que são objeto de análises tão sofisticadas quanto a dos textos tradicionalmente prestigiosos.

Além disso, o estudo do discurso possui uma força crítica simplesmente pelo fato de contestar algumas convicções enraizadas na ideologia espontânea dos locutores: que o discurso reflete uma realidade prévia, que a linguagem é um instrumento que permite "exprimir" o pensamento dos Sujeitos, que o sentido está encerrado nos enunciados etc. Uma análise do discurso religioso, jornalístico ou científico, por exemplo, não se contenta com o estudo dos textos: ela os relaciona ao funcionamento das instituições que os produzem e os gerem. A atenção prestada às instituições que tornam um discurso possível e que este discurso torna possíveis é mais desestabilizadora do que muitas demonstrações relativas apenas a seus conteúdos. A afirmação da existência de uma "ordem do discurso" (M. Foucault) suspende qualquer relação natural entre o discurso e o mundo; ela implica assumir uma perda de controle dos Sujeitos, e, mais radicalmente, da própria categoria de Sujeito.

A fronteira entre análise crítica do discurso e análise não crítica é totalmente indecidível. A análise crítica só é possível porque a análise do discurso é, de certa maneira, *já* crítica, porque existe uma continuidade natural entre a análise dos poderes do discurso e a crítica dos discursos de poder. Mais do que fazer da análise crítica do discurso uma disciplina autônoma, é mais realista considerar que qualquer disciplina do discurso pode ter uma *orientação crítica*, que a diferença entre orientação crítica e não crítica é uma questão de realce, e não de natureza.

Mas isso não significa que a toda pesquisa se deva atribuir o objetivo de remediar uma disfunção social. É inevitável haver pesquisas que não se caracterizem por um viés militante. De qualquer forma, as abordagens deliberadamente críticas e as abordagens não críticas dependem umas das outras. Uma boa análise crítica deve poder basear-se em bons conhecimentos sobre o funcionamento do discurso; reciprocamente, o estudo do funcionamento do discurso implica considerar o fato de que o discurso é sempre marcado por interesses.

PARTE II

As unidades da análise do discurso

6

As unidades tópicas

O UNIVERSO do discurso nunca se apresenta como imune a categorizações. Ele é categorizado pelos usuários comuns que, para produzir enunciados, no papel de destinatários ou de testemunhas, estão constantemente em vias de identificar as atividades verbais nas quais estão implicados: "Preciso redigir meu *relatório*", "li um *policial*", "adoro *mexericos*", "é um *reality show*". Ele é igualmente categorizado por múltiplas comunidades de especialistas, em função de suas necessidades específicas: no que se refere à imprensa escrita, por exemplo, os vendedores de jornais recorrem a categorias como "imprensa masculina", "trabalhos manuais"... que não coincidem necessariamente com as dos bibliotecários.

Os analistas do discurso, por sua vez, têm de lidar com três níveis complementares de categorização. É-lhes necessário, em primeiro lugar, refletir sobre o sentido e os efeitos das categorizações efetuadas pelos diversos tipos de usuários. Eles também devem, para determinado domínio da vida social (as mídias, a educação, a política...), repertoriar e classificar as atividades discursivas, apoiando-se em critérios que pretendem rigorosos. Por fim, devem categorizar os tipos de unidades com as quais eles próprios trabalham, unidades construídas em função das restrições e dos objetivos da pesquisa sobre o discurso.

É por este último tipo de unidade que vamos nos interessar agora. Não vamos identificá-las tentando organizar uma lista *a priori*, mas observando quais unidades são mais comumente utilizadas pelos analistas do discurso.

Uma distinção se impõe naturalmente entre dois tipos: as unidades que chamaremos *tópicas* (Maingueneau, 2003, 2005), de alguma forma dadas, pré-recortadas pelas práticas sociais, e as que chamaremos *não tópicas*, construídas pelos pesquisadores. Por natureza, as unidades "tópicas" se situam no prolongamento das categorizações dos atores sociais, o que não significa que coincidam com elas. Elas se articulam em torno da categoria de *gênero de discurso*, entendido como instituição de fala, dispositivo de comunicação sócio-historicamente determinado: o jornal televisivo, a consulta médica, o roteiro turístico, a reunião do conselho de administração...

6.1 • Gêneros e tipos de discurso

Os gêneros de discurso constituem, de alguma maneira, os átomos da atividade discursiva. Mas eles só adquirem sentido quando integrados a unidades de classe superior, os *tipos de discurso*. Na análise do discurso francófona, o uso dominante é o emprego do termo "tipo de discurso" para designar práticas discursivas ligadas a um mesmo setor de atividade, agrupamentos de gêneros estabilizados por uma mesma finalidade social: tipos de discurso administrativo, publicitário, religioso... Um panfleto político, por exemplo, é um gênero de discurso a ser integrado em uma unidade mais complexa, constituída pela rede dos gêneros decorrentes do mesmo tipo de discurso, no caso, o político. Da mesma forma, um romance participa da unidade mais vasta que é o discurso literário, uma letra do tesouro deriva do discurso administrativo etc. Tipos e gêneros de discurso estão, assim, tomados por uma relação de reciprocidade: todo tipo é uma rede de gêneros; todo gênero se reporta a um tipo.

De fato, tipo de discurso é uma noção que deve ser refinada. Certamente, um panfleto é decorrência do discurso político, mas ele também participa de outra unidade: o *posicionamento* do grupo que assume a responsabilidade por ele (pode se tratar de um panfleto anarquista, comunista, centrista, de extrema-direita etc.), posicionamento que implica um *campo discursivo*, isto é, um espaço no qual se confrontam os diversos posicionamentos políticos. Da mesma forma, dizer que uma comunicação em um congresso de medicina resulta do tipo de discurso científico não deve levar a esquecer que se trata também de um gênero que pode ser integrado a outros dois tipos de unidades: o congresso científico como instituição de fala na qual coexistem múltiplos gêneros de discurso (conferência de abertura, mesas-redondas, pôsteres, comunicações...), mas também à medicina, como disciplina distinta de outras. Como estes exemplos mostram, a noção de tipo de discurso só é pertinente se permanecer vaga. Por isso, é necessário aprofundar o trabalho de esclarecimento.

Pode-se fazer um gênero de discurso entrar em três modos de agrupamento, segundo o ponto de vista que se privilegie: a *esfera de atividade*, o *campo discursivo* e o *lugar de atividade*. Os gêneros políticos, por exemplo, podem ser tratados segundo os objetivos da pesquisa:

(i) como gêneros da *esfera de atividade política*;
(ii) como decorrendo de um *posicionamento*, pelo qual se raciocina em termos de "esquerda", de "direita", de "centro";
(iii) como gêneros produzidos no interior de diversos *lugares de atividade* política (a sede de um partido, um congresso, a Câmara dos Deputados...).

6.1.1 • As esferas de atividade

Relacionar um gênero de discurso com uma esfera de atividade não é tão evidente quanto se poderia pensar. Um mesmo gênero de discurso pode, com efeito, estar relacionado a diferentes esferas de atividade, em função dos imperativos da pesquisa desenvolvida. Por exemplo, o mesmo artigo de jornal poderá ser integrado à esfera "midiática", à esfera da "imprensa regional", ou ainda às da "imprensa escrita", da "imprensa cotidiana", da "imprensa generalista"... Determinado romance pode derivar da esfera "literária", mas também da esfera da "literatura juvenil", da "literatura comercial" etc. Em última instância, é o pesquisador que deve determinar em que nível ele vai se situar.

Além disso, uma esfera de atividade não é um espaço homogêneo: para seus usuários, ela tem um "núcleo" e uma "periferia", naturezas variadas, segundo os casos em questão. O núcleo é constituído pelos gêneros de discurso que pareçam mais próximos da finalidade normalmente associada a essa esfera. O discurso escolar, por exemplo, tem por núcleo os gêneros segundo os quais professores e alunos se relacionam; mas o discurso escolar integra muitos outros gêneros: as reuniões de professores, as circulares do Ministério da Educação, os livros didáticos etc. O núcleo do discurso literário são os gêneros em que um escritor se dirige ao público (romances, peças de teatro, poemas...); mas esses gêneros são indissociáveis de um grande número de outros, relegados à periferia: críticas de jornais, reuniões para atribuir prêmios, correspondência entre autores e editores etc.

6.1.2 • Os campos discursivos

Entre as esferas de atividade, apenas algumas — por exemplo, o discurso político ou o discurso religioso — são submetidas a uma lógica de *campo*, onde se confrontam diversos posicionamentos. A noção de posicionamento (doutrina, escola, teoria, partido, tendência...) implica que, em um mesmo espaço, os enunciados se relacionam com a construção e a preservação de diversas identidades enunciativas que estão em relação de concorrência, em sentido amplo: sua delimitação recíproca não passa necessariamente por um confronto aberto.

Os campos discursivos, nos quais os posicionamentos inscrevem, cada um a sua maneira, gêneros de discurso, não são estruturas estáticas, já que são constantemente submetidos a uma lógica de concorrência em que cada um visa modificar as relações de força em seu benefício. Não são nunca espaços homogêneos: em um momento dado, há de fato um centro, uma periferia e uma fronteira. Entre os posicionamentos centrais, alguns são dominantes, outros, dominados. No que diz respeito aos posicionamentos periféricos, pode se tratar de posicionamentos que, em um estado anterior, se encontravam no centro do campo e foram marginalizados; de novos participantes que esperam chegar ao centro; de posicionamentos que pretendem constituir um subcampo relativamente independente em relação ao centro.

6.1.3 • Os lugares de atividade

A maioria dos gêneros de discurso é produzida e/ou consumida em lugares institucionais: um hospital, uma rádio, uma prefeitura etc. Pode-se, então, propor estudar a rede de gêneros que estão em uso num ou noutro lugar. O "discurso hospitalar" participará, assim, dos gêneros de discurso que interagem num hospital (reuniões de serviço, consultas, relatórios de cirurgias etc.). Encontra-se, aqui, a noção de "sistema de gêneros" de C. Bazerman (2004), isto é, os gêneros utilizados por indivíduos que trabalham juntos.

Para explorar eficazmente a noção de lugar de atividade, o analista do discurso deve tomar decisões quanto a seus limites. É necessário, em particular, reduzir a rede de gêneros aos produzidos no interior da instituição? O problema se põe, de fato, para os gêneros que circulam na instituição, mas que são produzidos em outro lugar: por exemplo, em uma empresa, as cartas dos clientes ou a legislação que regulamenta o trabalho. É necessário reduzir uma instituição aos gêneros de discurso reconhecidos pela instituição e formalizados? Pode-se, de fato, sustentar que as conversas junto à máquina de café, os bate-papos de corredor, o falatório dos alunos durante as aulas... são parte integrante do funcionamento da instituição, sem serem, propriamente falando, gêneros de discurso oficiais.

Mas essa distinção entre gêneros reconhecidos e não reconhecidos parece muito simples: algumas dessas atividades verbais são lícitas (a conversa junto à máquina de café), outras, não (o falatório dos estudantes durante as aulas). Além disso, somos levados a nos perguntar pelo papel das atividades de fala "não oficiais" no funcionamento de uma instituição. Muitos estudos de campo mostram que atividades verbais que poderiam ser julgadas parasitárias ou marginais são, de fato, necessárias ao funcionamento de uma instituição. Os trabalhos sobre hospital conduzidos por M. Lacoste fornecem bom exemplo disso. Ao lado das conversas e das breves trocas de palavras entre as enfermeiras durante seu plantão, existem atividades de fala "mais instituídas, mais formalizadas, mais sistemáticas" que "asseguram o indispensável complemento" aos gêneros oficiais:

> É o caso das transmissões orais em uma "troca de plantão": três vezes por dia, com importantes variações conforme os serviços, a equipe que sai transmite a informação necessária à que entra (Boutet, Gardin e Lacoste, 1995: 28).

Essa prática adquire todo o sentido quando relacionada a um gênero muito normatizado, o prontuário do paciente no qual as enfermeiras anotam, para as que virão depois, as informações sobre os cuidados prestados ou a prestar aos doentes. A rotina da troca de plantão associa, então, um gênero escrito fortemente institucionalizado (documento escrito) a conversações orais muito menos regradas e que não têm nada de oficial. Mas a relação entre essas duas atividades discursivas é muito variável:

> Às vezes é um relatório complementar: confiam-se ao escrito as indicações técnicas indispensáveis, tendo o oral a função da descrição do contexto necessário para a interpretação dos fatos e para a realização da ação. Às vezes, há redundância parcial (Boutet, Gardin e Lacoste 1995: 28).

6.2 • A valência genérica

A história de uma sociedade é, em algum sentido, a de seus gêneros de discurso: em dado momento, cada um de seus setores pode ser caracterizado pela forma pela qual a fala é ali gerida. O estudo da emergência, do desaparecimento ou da marginalização dos gêneros constitui, assim, um observatório privilegiado das mudanças sociais. Pode-se evocar, por exemplo, a passagem de um gênero (os pequenos anúncios matrimoniais estereotipados da imprensa escrita)[1] a outro, os *sites* de relacionamento na internet, que, com base no modelo das redes sociais, colocam os usuários em contato direto e imediato. Essa evolução não é apenas uma simples organização técnica; ela implica transformações referentes ao estatuto do casal na sociedade, ao papel de certos intermediários (o desaparecimento das agências matrimoniais e dos anúncios em jornais), à falta de distinção entre o público e o privado, entre o sexual e o sentimental etc. Mas, se os gêneros evoluem constantemente, o mesmo não ocorre necessariamente com as etiquetas ("sermão", "processo", "jornal"...) que servem para designá-los. Frequentemente, continua-se a utilizar a mesma etiqueta, embora a atividade correspondente seja muito diferente.

Para compreender bem o papel do gênero de discurso em determinada configuração histórica, não podemos contentar-nos em estudá-lo em si mesmo; temos de levar em conta o que se poderia chamar sua *valência*, que pode ser considerada segundo duas perspectivas: *a interna* e *a externa*.

---

[1] Por exemplo: "1,77 m homem bonito 46a não fumante solt proc mulher bonita que precise de atenção + se afinidade sem crianç, foto desejável para o jornal s/ ref. XXX"; "Mulher 66 anos amante da natureza montanha procura companheiro entre 67 e 74 anos, mesmo perfil, para amizade e + se afinidade escr. p/ o jornal s/ ref: XXX"

6.2.1 • A valência interna

Por valência genérica "interna", entendemos o conjunto dos modos de existência comunicacional de um texto, que são historicamente variáveis.

Por exemplo, na França dos séculos XVII e XVIII, o sermão católico é uma atividade que dura mais de uma hora, distinto da homilia, que configura um episódio da missa. O sermão se apresenta sob duas formas: inicialmente, como um texto manuscrito, cuidadosamente redigido, destinado a ser decorado pelo pregador; depois, como uma apresentação oral, realizada numa igreja. Mas isso não é tudo: muito frequentemente, cópias do manuscrito circulam num círculo mais ou menos amplo de fiéis interessados. O autor tem um controle apenas relativo sobre essa circulação. Se se trata de um pregador conhecido, o sermão pode igualmente ser impresso em uma publicação "pirata" (a partir da apresentação oral ou de uma cópia do manuscrito), com diferenças mais ou menos importantes em relação ao enunciado original. Se for o próprio pregador que publica seu sermão, em geral ele reescreve o texto com vistas à publicação.

Consideremos agora um gênero contemporâneo de pregação católica: a homilia do programa de TV católico dominical "Le jour du Seigneur" ("O Dia do Senhor"), transmitido pelo canal público France 2 nas manhãs de domingo. É, ao mesmo tempo: um texto escrito com ajuda de um processador de texto e copiado em uma impressora; para os fiéis presentes, uma apresentação oral no interior de um gênero de discurso mais amplo, no caso, a missa; para os telespectadores, uma parte de um programa de televisão. Mas é também: um vídeo que fica à disposição dos internautas durante alguns dias no *site* do programa, hospedado no *site* do canal de TV; um texto escrito, arquivado no mesmo *site*, que pode ser lido na tela ou impresso. Assim, enquanto, para o sermão da época clássica, é a estabilidade do texto, sua letra que é problemática (ela varia segundo se trate de um manuscrito original, de uma apresentação oral, de uma cópia, de uma publicação), no sermão televisionado contemporâneo, problemático é, sobretudo, seu regime semiótico: a letra permanece estável, mas não a encenação da enunciação.

A noção de valência genérica interna precisa ser refinada. Como nosso exemplo mostra, é preciso distinguir o *núcleo* de seus *avatares*, que são de diversos tipos. No sermão, é a apresentação oral que constitui o núcleo da valência genérica interna: as cópias que circulam são seus avatares. Além disso, é preciso distinguir:

- os avatares *prescritos* (como a publicação obrigatória de algumas decisões da justiça num ou noutro jornal);
- avatares *previsíveis* (por exemplo, no final do século XIX, é preciso que certo número de peças de teatro montadas em Paris sejam reproduzidas nas revistas especializadas para um público do interior; ou hoje, que um artigo científico seja xerocado e distribuído aos estudantes durante um curso);
- os avatares *indesejados* (como uma publicação pirata no século XVII, realizada sem o consentimento do autor, ou, no início do século XXI, uma gravação feita sem o conhecimento do locutor e disponibilizada num *site* de compartilhamento de vídeos).

O surgimento da internet modificou profundamente as modalidades de valência genérica interna, já que, desde então, qualquer texto escrito ou oral produzido em uma situação informal pode vir a figurar, no todo ou em parte, na Web e ser redistribuído em seguida na mídia para ser comentado, como se se tratasse de um enunciado originalmente destinado ao público. Por exemplo, no programa "Déshabillons-les", levado ao ar pelo canal Public Sénat em 12/10/2010 ("Sarkozy dans le texte"), pedia-se aos comentadores que analisassem o vídeo de uma entrevista do ex-presidente com os jovens. Ora, este vídeo de má qualidade fora feito às escondidas por um dos participantes, com um celular, e só mostrava o teto da sala. Ele estava, no entanto, ao lado de vídeos "oficiais", para serem comentados durante o programa. Além do mais, essa eventualidade tem incidências sobre o locutor, quando se trata de uma personalidade pública: ela é obrigada a integrar a ideia de que as falas enunciadas em uma situação que considera informal podem entrar em circulação.

Independentemente da Web, com as novas tecnologias da comunicação, a valência genérica torna-se cada vez mais complexa. A exemplo da missa dominical televisada, muitas atividades de fala são, ao mesmo tempo, gêneros de discurso orais destinados a um público presente e programas de rádio e de televisão para milhares, ou até mesmo milhões de telespectadores. Melhor: as tecnologias permitem oferecer simultaneamente diferentes versões do mesmo evento de fala; o espectador de um concerto vê o cantor no palco, ao vivo, mas ele o vê também em grandes telões, como se fosse um telespectador.

6.2.2 • A valência externa

Por valência genérica "externa", entendemos a(s) rede(s) de gêneros de discurso de que faz parte um gênero em uma mesma esfera ou lugar de atividade. Estas redes são de tipos diversos, em função do ponto de vista escolhido.

Tomemos o exemplo de uma prática universitária francesa: o relatório de defesa de tese. Este gênero de discurso escrito é indissociável de um gênero oral anterior, a defesa de tese, e, de outros, posteriores, relatórios redigidos por comissões de seleção e de promoção nas quais este gênero será utilizado. Entre esses gêneros, pode-se dizer que há uma *sequencialidade*. O mesmo ocorre em um encadeamento como este a seguir: pronunciamento político — despacho de agência de notícias — artigos em jornais. Esta sequencialidade não é uma simples justaposição: os diversos gêneros interagem. O redator de um relatório de defesa de tese certamente tem na memória a defesa, mas ele o redige também em função dos gêneros posteriores nos quais este relatório vai ser levado em conta: isso o leva, frequentemente, a atenuar as críticas que proferiu durante a defesa. Da mesma forma, o chefe de Estado e os que o ajudam a redigir seu pronunciamento sabem que ele será objeto de despachos de agências destinados às mídias, e os que escrevem os despachos sabem que seus textos servirão à redação de artigos, a jornais televisivos, a chamadas nos *sites* de informação. Certos gêneros são até mesmo destinados a facilitar a relação entre os elementos da sequência; assim, entre o filme e o artigo na imprensa se intercalam frequentemente outros gêneros, dossiês produzidos pelos serviços de comunicação do produtor do filme, para facilitar (e, seguramente, orientar no bom sentido) o trabalho dos jornalistas.

Uma maneira diferente de abordar a sequencialidade é considerar o processo de *irradiação* de um gênero de discurso, ou, para dizer as coisas mais simplesmente, o poder que um gênero tem de fazer com que se fale dele em outros gêneros, além de nutrir conversas de parcelas mais ou menos vastas da população. Os filmes novos, por exemplo, suscitam automaticamente críticas em um grande número de jornais e revistas, que dispõem, para esta finalidade, de rubricas especializadas. Eles são igualmente assunto privilegiado de conversas: "Você viu o filme tal?", "Eu fui ver tal filme"... Por outro lado, as críticas dos curtas-metragens são, salvo casos muito particulares, reservadas a gêneros típicos de uma imprensa mais especializada, e não serão assunto de conversa generalizada. No século XVII, o sermão era um gênero fortemente "irradiador": era anunciado e comentado nas gazetas e constituía um tema privilegiado das conversas. Já na França do início do século XXI, o sermão não é mais um gênero irradiador, não é mais comentado na imprensa, salvo em meios mais restritos.

Voltemos a nosso exemplo do relatório de defesa de tese. Quando ele é inserido noutro gênero de discurso (por exemplo, no dossiê de candidatura para obter uma bolsa ou um cargo), ele não é mais um gênero autônomo, mas um gênero *incluído* em um gênero de nível superior, no qual ele entra em relação de complementaridade com outros gêneros: *curriculum vitae*, memorial descritivo de trajetória acadêmica, cartas de recomendação... Torna-se, então, um *gênero textual*, não um *gênero de discurso*. Enquanto um gênero de discurso é uma atividade comunicacional autônoma, um "gênero textual" é um componente de um gênero de discurso. Pode-se tratar de um gênero que, anteriormente, fora autônomo (como o relatório de defesa de tese), ou de um gênero naturalmente textual: é o caso de diversos gêneros de imprensa (editorial, notícia, previsão meteorológica, horóscopo...), que sempre são incluídos num jornal. Poder-se-ia igualmente aplicar essa noção de gênero textual a categorias como o prefácio ou o posfácio de um livro, que são submetidos a um regime enunciativo específico (o prefácio de um romance é atribuído ao "autor" e não faz parte, em princípio, do texto de ficção).

6.3 • Os agrupamentos por fonte

Quer se fale de gênero, quer de tipo de discurso, toma-se como critério de categorização um domínio de atividade. Mas também podemos agrupar os enunciados em função da natureza *da fonte* que os produz, interessar-nos pela relação entre a identidade dessa fonte e as propriedades dos textos que ela produz.

6.3.1 • Os locutores individuais

A priori, nada nos impede de estudar o conjunto dos gêneros de discurso dos quais participa esse ou aquele indivíduo, seja como produtor, como receptor ou como simples testemunha. Mas tal pesquisa, se pode interessar aos estudos de discurso, inscreve-se com dificuldade na perspectiva específica da análise do discurso, que não se interessa pelos indivíduos enquanto tais, mas, sobretudo, pelo(s) estatuto(s) que eles ocupam em um domínio de atividade. De fato, dada a maneira pela qual caracterizamos a análise do discurso, que focaliza a imbricação de um lugar social e de um texto por meio de um dispositivo de enunciação, é claro que ela não tem vocação para mobilizar categorias como "o desempregado sem seguro desemprego", "o jovem drogado", "as mulheres aposentadas"... como tipos sociais apreendidos independentemente de um lugar de enunciação. Quando o analista do discurso toma como objeto de estudo os gêneros de discurso associados a um indivíduo, faz isso relacionando-o a lugares: será, por exemplo, o conjunto de gêneros de discurso dos quais participa um diretor de empresa, um empregado de determinada empresa ocupando certo posto, um político ocupando tal posição etc.

6.3.2 • Os locutores coletivos

Vivemos cercados de enunciados atribuídos a fontes que não são, propriamente falando, locutores individuais de carne e osso. Basta pensar nas *instituições*, como os ministérios, os conselhos de administração, as direções de empresas, os serviços, os partidos políticos, as associações de todos os tipos[2]... Por exemplo, o que chamamos de "uma campanha" (de segurança nas estradas ou de vacinação de crianças, contra a violência conjugal etc.) é o investimento em um número de gêneros de discurso não por um locutor, mas por uma instituição (o serviço de um ministério, uma organização não governamental...) que, assim, pode construir, reforçar e legitimar sua identidade em determinada conjuntura. É possível, para o analista do discurso, estudar a relação entre a instituição-fonte e os textos de sua campanha — ou uma série de campanhas, se comparar diferentes campanhas feitas pela mesma fonte ou campanhas relativas ao mesmo assunto feitas por diferentes fontes.

A noção de locutor coletivo não se aplica apenas às instituições de tipo clássico. Outras entidades podem ser relacionadas a esta problemática. Por exemplo, os locutores que formam um *grupo*

[2] Sobre os discursos institucionais, pode-se consultar o livro de Krieg-Planque, *Analyser les discours institutionels* (2012).

conjuntural (como uma multidão de manifestantes gritando *slogans* ou as torcidas em um estádio de futebol). Podem-se também evocar esses locutores de estatuto bem singular: as *marcas* (Apple, Renault...), que procuram dotar-se de atributos antropomórficos. Existe sobre este assunto um grande número de trabalhos, dada a importância de tais grupos na economia.

6.3.3 • Os autores

Dissemos que o interesse específico da análise do discurso não a orienta na direção de enunciados produzidos por um indivíduo apreendido independentemente de sua ancoragem em um domínio de atividade. Mas essa limitação não diz respeito aos agrupamentos de textos associados a uma figura de *autor*, à instância que responde por uma *obra*, no sentido de um agrupamento de textos decorrentes de diversos gêneros, reunido em torno de uma consciência privilegiada (que pode ser divina, no caso dos textos sagrados). O autor, em sentido pleno, aquele cujos textos (escritos, gravados) reunimos em uma "obra" que comentamos, só pode, de fato, ser raro. Diferentemente do locutor ordinário, ele é o produto de uma construção coletiva que faz intervirem múltiplas instituições. Isso é particularmente evidente quando o autor é essencialmente conhecido por suas apresentações, que são convertidas por terceiros e difundidas sob forma de textos escritos ou audiovisuais. Podemos lembrar aqui os casos de Martin Luther King, cujas coletâneas de pregações são vendidas na forma de livros e de DVDs.

O problema é, então, saber por que o autor pode interessar ao analista do discurso. Este não aborda as obras como textos que pertencem ao patrimônio de uma comunidade, considerados portadores de uma mensagem importante que um comentário apropriado deve desvelar, mas como agrupamentos de textos cuja aparição, os usos que se faz deles, as transformações que sofrem... são solidárias com outras práticas. Produto de um trabalho coletivo, as obras são constantemente submetidas a reinterpretações, a transformações, a reempregos, cuja análise dá acesso aos interesses dos que as levam em conta. Numa sociedade dominada pelo escrito, os grandes autores (filosóficos, literários, religiosos, políticos...) estão de alguma forma na base da sociedade, da qual constituem as autoridades últimas. A importância que lhes é conferida e o sentido que se deve atribuir a seus textos não podem deixar de ser objeto de conflitos incessantes[3].

Os autores produzem obras, mas autores e obras são, eles mesmos, produzidos por todo um complexo institucional. O analista de discurso pode, por exemplo, estudar os processos pelos quais, num dado momento, agentes situados em determinados lugares vão converter em "obras" textos recolhidos em diversos tipos e gêneros de discurso. Esses processos são necessariamente sintomáticos de determinada configuração histórica, de lutas entre interesses e do funcionamento de instituições específicas.

Pode-se ainda estudar a trajetória singular dos indivíduos que produziram os textos: os gêneros em que investiram, seus posicionamentos em um campo, sua encenação de si... Por mais que a trajetória tenha sido singular, ela se inscreve em lugares de discurso. Tal pesquisa não poderia, no entanto, ser fruto de uma sociologia; ela só diz respeito à análise do discurso na medida em que subverte a própria distinção entre texto e contexto. A exterioridade do contexto se revela uma evidência enganadora: um analista do discurso não pode conceber uma obra como um agenciamento de "conteúdos" que permitiria "exprimir" de maneira mais ou menos distorcida ideologias ou mentalidades. O "conteúdo" de uma obra é, na realidade, atravessado pela remissão às suas condições de enunciação. O contexto não está situado no exterior da obra, em uma série de invólucros sucessivos, mas o texto é a própria gestão do contexto. Não há, de um lado, o universo das coisas e atividades mudas e, de outro, textos que seriam sua "imagem" mais ou menos modificada. Isso implica uma concepção de autor que foge à oposição tradicional entre "o homem" e "a obra" e que nos esforcemos por articular num mesmo movimento o indivíduo considerado independentemente de seus textos, suas posições de enunciação e seu posicionamento em um campo. Nessa perspectiva, o estudo não poderia se limitar aos romances ou aos tratados filosóficos, mas deveria integrar os textos de suporte (entrevistas, prefácios...) nos quais o autor procura dar um sentido a sua produção e aqueles (diários íntimos, narrativas autobiográficas...) nas quais se coloca em cena na sociedade.

O analista do discurso pode também dedicar sua atenção à própria autorialidade. Uma das consequências do desenvolvimento da

---

[3] Voltaremos a esta questão nos capítulos 11 e 12, parte III.

internet foi questionar suas formas tradicionais. O acesso à "publicação" na internet não é mais limitado por intermediários (profissionais da edição, profissionais da impressão e da comercialização, críticos). A proliferação dos produtores e dos textos cria um obstáculo ao destacamento de figuras importantes, raras. A própria identidade da obra se tornou problemática, na medida em que a estabilidade dos textos se torna incerta, e com ela a própria possibilidade de construir uma memória. A cada hora, a cada minuto, o texto publicado na internet pode ser modificado em seu conteúdo, em sua apresentação ou em sua posição na arquitetura do *site*; de forma a ser impossível afirmar qual é a "boa" versão do texto[4].

6.4 • As singularidades textuais

Até aqui, o analista do discurso aparece como alguém que reúne um número mais ou menos grande de textos para constituir um *corpus*; quanto ocorre de ele estudar um só texto, apresenta-o como representativo de uma série, e não como algo singular.

No entanto, nada impede de trabalhar sobre um texto singular. Um *corpus* pode ser constituído de um só texto, tomado em uma irredutível singularidade, se sua seleção resultar de um questionamento associado a uma problemática. Neste caso, o pesquisador considera que esse texto, pela própria maneira pela qual ele emerge em determinado lugar, é uma espécie de encruzilhada, que dá acesso a uma rede diversificada de fenômenos julgados pertinentes para compreender uma configuração mais vasta. Não se trata, como se vê, de interpretar por si mesmo um monumento legado pela tradição: a lógica do *corpus* opõe-se à do *thesaurus*.

Pode-se igualmente estudar um texto (debate televisivo, artigo de jornal, romance, manifesto religioso...) em sua singularidade, para trazer seu caráter de *acontecimento* para o centro da atenção. Essa "acontecimentalidade" não é necessariamente já dada — como é o caso, por exemplo, dos acontecimentos prototípicos como o apelo do general De Gaulle (18 de junho de 1940) ou o texto dos Juramentos de Estrasburgo (14 de fevereiro de 842), que consagra a existência da língua francesa. O próprio analista pode decidir, justificando essa

[4] Este tópico será desenvolvido mais adiante (capítulo 14).

decisão com argumentos adequados, que um texto que passou despercebido, que não é um acontecimento no sentido usual do termo, constitui um acontecimento de fala significativo numa certa configuração e que, por esta razão, merece uma análise aprofundada.

Em última instância, é o pesquisador quem decide de que maneira vai constituir e explorar os materiais a partir dos quais vai trabalhar, em função de seus objetivos. Um debate político televisado, por exemplo, pode entrar em diversos tipos de unidades tópicas, segundo o ponto de vista adotado. Pode ser tratado como um exemplo prototípico de um gênero de discurso. Pode ser apreendido como sintomático de um aspecto da comunicação política em um momento dado: pelo tipo de argumentação que desenvolve, pelo papel que nele exercem as mulheres, pelo lugar em que se desenrola etc. Ele pode igualmente ser integrado ao *corpus* de enunciados de um locutor singular (como a Carta Testamento de Getúlio), de um dos participantes, ou ser apreendido em sua singularidade como um acontecimento midiático-político (como a edição que a Globo fez do debate Lula/Collor, na véspera do segundo turno da eleição presidencial de 1989), ou em termos de posicionamentos em um campo discursivo.

7

As formações discursivas

As unidades *não tópicas* são construídas pelo pesquisador a partir de unidades tópicas. Só pode haver análise do discurso se ela se apoia em unidades tópicas, mas elas não podem dar conta, sozinhas, do funcionamento do discurso, que é atravessado por uma falha constitutiva: o sentido se constrói no interior de fronteiras, mas mobilizando elementos que estão fora delas. O que se pode expressar, como vimos (capítulo 2), em termos de "primado do interdiscurso sobre o discurso", ou, nas problemáticas inspiradas em M. Bakhtin, em termos de "dialogismo". Toda enunciação é habitada por outros discursos, por meio dos quais ela se constrói. Os analistas do discurso, assim, são levados a desenvolver não somente abordagens que se apoiam nas fronteiras, mas também abordagens que as subvertem.

7.1 • Nas origens da formação discursiva

A unidade não tópica que logo se impõe é a de "formação discursiva", elaborada por M. Foucault em *A arqueologia do saber*. Mas ela pode reivindicar uma segunda paternidade, a de M. Pêcheux (Haroche, Henry e Pêcheux, 1971). Nos dois casos, a formação discursiva é concebida como um sistema de restrições invisíveis, transversal às unidades tópicas.

Em Michel Foucault, o conceito de formação discursiva é introduzido após um trabalho que consistiu em dissolver categorias familiares (gênero, disciplina, obra...); em outras palavras, unidades textuais que diríamos “tópicas”:

> Tive o cuidado de não admitir como válida nenhuma dessas unidades que me podiam ser propostas e que o hábito punha a minha disposição (1969: 44/35).

Assim procedendo, Foucault pretende

> constituir, a partir de relações corretamente descritas, conjuntos discursivos que não seriam arbitrários, mas que, entretanto, teriam permanecido invisíveis (1969: 42/33).

A formulação de Foucault mostra a dificuldade do empreendimento: construir uma unidade que seria “invisível”, mas que permitiria explicar certo número de fenômenos. Isso não é evidente: a partir do momento em que se abandona o domínio seguro das unidades tópicas, como ter certeza de que não se estariam recortando unidades que não passam de projeções dos pressupostos do pesquisador?

Em Michel Pêcheux (Haroche, Henry e Pêcheux, 1971), o termo “formação discursiva” se apoia, sem dúvida, no conceito introduzido por Foucault, mas se inspira também no filósofo marxista Louis Althusser e em seus colaboradores, que analisavam a sociedade por meio dos termos “*formação* social” e “*formação* ideológica”[1]:

> Falaremos de *formação ideológica* para caracterizar um elemento capaz de intervir – como uma força confrontada a outras forças – na conjuntura ideológica característica de uma formação social, em um momento dado. Cada formação ideológica constitui, desse modo, um conjunto complexo de atitudes e de representações nem "individuais" nem "universais", mas que se relacionam mais ou menos diretamente com *posições de classes* em conflito umas em relação às outras. Avançaremos, apoiando-nos em grande número de observações contidas no que denominamos "os clássicos do marxismo", que as formações ideológicas assim definidas comportam necessariamente, como um de seus componentes, uma ou várias *formações discursivas* interligadas, que determinam *o que pode e deve ser dito* (articulado sob a forma de uma alocução, de um sermão, de um panfleto, de uma exposição, de

[1] Ver, em particular, os trabalhos de Poulantzas (1968).

um programa etc.) a partir de uma posição dada em uma conjuntura dada (Pêcheux *et al.*, 1971: 102/27).

O parêntese aberto nessa passagem ("articulado sob a forma de...") pode ser objeto de duas leituras diferentes, segundo se ponha o acento em "o que pode e deve ser dito" ou em "articulado sob a forma de uma alocução...". Optando pela primeira leitura, os exemplos de gêneros de discurso mencionados entre parênteses ("alocuções", "sermões"...) servem apenas para evocar, que, no nível mais imediato, os enunciados se apresentam repartidos em diversos gêneros de discurso, mas que a formação discursiva ignora esse recorte. Optando pela segunda leitura, considera-se que a formação discursiva é necessariamente "articulada" por meio de gêneros: é necessário, então, estudar a relação entre a "posição" na luta de classes, de um lado, e a natureza dos gêneros de discurso concernidos, de outro. O destaque em "o que pode e deve ser dito", assim como o conjunto de pressupostos teóricos de Pêcheux, incita a optar pela primeira leitura: a formação discursiva é concebida como um sistema de restrições oculto, transversal às unidades tópicas que são os gêneros.

Posteriormente, a noção de formação discursiva foi frequentemente empregada sem referência precisa a Foucault e a Pêcheux, de certa forma por falta de termo melhor, para designar qualquer agrupamento de textos que não correspondem a nenhuma categorização reconhecida. De fato, o interesse da noção de formação discursiva é exatamente permitir constituir *corpora* heterogêneos, reunir livremente enunciados originários de diversos tipos de unidades tópicas. Resulta disso que a formação discursiva não recobre uma realidade homogênea. Em função do critério em virtude do qual se reúnem textos que nela se integram, podemos distinguir diversos tipos de formação discursiva.

7.2 • Formações discursivas de identidade

Unidades como "o discurso pós-colonial", "o discurso liberal", "o discurso patronal", "o discurso antilhano", "o discurso das enfermeiras", "o discurso racista"... são abundantemente invocadas em certas correntes de análise do discurso, mas também nas mídias. Se quiser fazer corresponder a elas *corpora*, o pesquisador vai separar enunciados derivados de um ou de vários gêneros de discurso; mas ele também pode incluir ali enunciados que ele mesmo suscitou (na forma de testes, de entrevistas, de questionários...). Essa heterogeneidade de materiais é contrabalançada pelo postulado segundo o qual os enunciados decorrentes dessa formação discursiva convergem para um único foco, alguma "mentalidade" do patronato, das enfermeiras, dos racistas... que, em graus e segundo estratégias diversos, regeria secretamente suas falas e seus pensamentos. A natureza desse foco invisível varia conforme as entidades implicadas. Se se trata das enfermeiras ou do patronato, pode-se ser remetido a interesses corporativistas ou políticos; se de racismo, de sexismo ou de pós-colonialismo, esse foco é constituído por motivações amplamente inconfessáveis. Nesta passagem, por exemplo, van Dijk evoca um "sistema" que, sem que os locutores estejam conscientes disso, regeria o que ele chama de "novo racismo":

> O novo racismo das sociedades ocidentais é um sistema de desigualdade étnica ou racial constituído de conjuntos de práticas cotidianas discriminatórias, às vezes sutis, sustentadas por representações socialmente partilhadas, como os estereótipos, os preconceitos, as ideologias. Este sistema se reproduz não somente no dia a dia na participação de membros de grupos (brancos) em diversas formas não verbais de racismo cotidiano, mas também por meio do discurso. Os textos e as conversas a respeito dos Outros, particularmente por parte das elites, funcionam, assim, sobretudo, como a fonte de crenças étnicas para membros do mesmo grupo, e como meio de criar a coesão do grupo e de preservar e legitimar a dominação (van Dijk, 2000: 48-49).

"Os textos e as conversas" seriam, assim, movidos por um desejo inconfessado: "Preservar e legitimar a dominação" dos "brancos".

De fato, noções como as de "discurso liberal" ou "discurso racista" não correspondem necessariamente a unidades não tópicas. Tudo depende da forma como são construídas. Pode se tratar de unidades tópicas se, com isso, designamos os textos produzidos por tal partido ou grupo de partidos políticos. Retomemos o exemplo das campanhas de publicidade institucional que visam prevenir a delinquência, o tabagismo, os acidentes nas estradas... É fácil recortar aí unidades tópicas: por exemplo, comparando duas campanhas diferentes produzidas pelo mesmo ministério. Mas, ao querer estudar "o discurso de segurança do Estado francês em tal época", define-se inevitavelmente uma formação discursiva. A própria qualificação "da segurança" é problemática: o que se deve fazer constar aí? Os pronunciamentos do chefe de Estado? Os textos legislativos? As instruções dadas aos prefeitos?... E que tipo de atores, individuais ou coletivos, estão implicados? Os ministérios? Se sim, quais? E quais textos emanam desses ministérios? Quanto ao pressuposto subjacente, a saber, que "o Estado" constituiria uma entidade compacta animada por um mesmo espírito, ele também é problemático. De fato, pode-se perguntar qual é a ideia segundo a qual existiria um desígnio claro e homogêneo do Estado, que se manifestaria por meio de produções discursivas muito diversas durante certo período. Como o Estado não é signatário dos *corpora* envolvidos, e como é preciso decidir pelos locutores, pelos lugares e pelos gêneros pertinentes, cabe finalmente ao pesquisador definir seu *corpus* em função dos pressupostos e dos objetivos de seu trabalho.

Nem toda pesquisa conduzida em termos de formação discursiva tem, entretanto, a necessidade de postular que existiria um motor secreto, único, que animaria o conjunto dos enunciados do *corpus*. Pode-se partir do postulado de que a formação discursiva é fundamentalmente heterogênea, para não dizer contraditória, e que não remete a nenhum desígnio oculto. Mas a escolha entre uma ou outra opção (remeter a um foco único ou heterogêneo) condiciona a maneira pela qual se conduz o conjunto da pesquisa, desde a constituição do *corpus* até a interpretação dos resultados, passando pelo método de análise.

Na análise do discurso francesa, essa dificuldade foi levantada muito cedo, particularmente por J.-J. Courtine e J.-M. Marandin[2] (1981), que submeteram a uma crítica radical os pressupostos de alguns analistas do discurso. O modo de constituição do *corpus* e seu processamento conduziriam, segundo eles, a "apagar as asperezas discursivas, a suturar as falhas que saltam aos olhos em todo discurso"; um "laborioso percurso" que apenas "apaga a evidência" (1981: 23). A solução consistiria em se apoiar numa concepção diferente de formação discursiva:

---

[2] Em uma intervenção no colóquio "Materialités discursives", que ocorreu em Nanterre entre 24 e 26 de abril de 1980 e que resultou em uma publicação no ano seguinte (Conein *et al.*, 1981).

> Uma FD (formação discursiva) não é nem "*uma só linguagem para todos*", menos ainda "*a cada um sua linguagem*", mas "*linguagens em um todo*". Consideraremos, assim, que uma FD é heterogênea a si mesma: o fechamento de uma FD é fundamentalmente instável; ele não consiste em um limite traçado de uma vez por todas, separando um interior e um exterior, mas se inscreve entre diversas FDs como *uma fronteira que se desloca* em função dos embates da luta ideológica (Courtine e Marandin, 1981: 24).

Propõem, então, "definir uma formação discursiva a partir de seu *interdiscurso*":

> Diremos que o interdiscurso consiste em um processo de reconfiguração incessante no qual uma FD é construída, em função das posições ideológicas que esta FD representa em uma conjuntura determinada. [...] O que falta à AD (análise do discurso) nos parece ser, crucialmente, *a inconsistência* de uma FD, entendida como efeito do interdiscurso enquanto exterior específico de uma FD no próprio interior dela (Courtine e Marandin, 1981: 24).

Como o mostram os exemplos considerados (especialmente o da "formação discursiva comunista") por Courtine e Marandin, as formações discursivas que eles têm em mente são, de fato, posicionamentos em um campo de entidades tópicas, por consequência. Mas a crítica que fazem é igualmente pertinente para a formação discursiva no sentido que a entendemos aqui, isto é, uma categoria não tópica. A concepção que se tem, conscientemente ou não, da unidade de uma formação discursiva, comanda, de fato, sub-repticiamente, todos os gestos do pesquisador.

7.3 • Formações discursivas temáticas

Uma maneira diferente de construir uma formação discursiva é organizá-la não a partir de uma instância produtora, mas a partir de um tema (do que se fala?) que toma habitualmente a forma de uma expressão nominal com artigo definido: "a droga", "a eutanásia", "a guerra no Afeganistão"... O objetivo da pesquisa não é estudar o referente correspondente (mesmo que ele seja apenas psicológico: uma representação coletiva), mas — no interior de certos limites espaciais e temporais que convém definir — os enunciados que falam dele.

Geralmente as formulações da pesquisa também são mais explícitas: "O debate sobre a pena de morte", "o discurso sobre a decadência do Congresso nacional", "o discurso sobre o aborto"...

Esses temas podem ser de naturezas muito diversas. É impossível fornecer deles um quadro exaustivo. Entre as categorias mais correntemente utilizadas em análise do discurso, pode-se evocar o que se poderia chamar as *entidades*, os *cenários*, as *propriedades*, os *acontecimentos* e os *nós*.

7.3.1 • As entidades

Uma formação discursiva construída a partir de uma *entidade* centra-se em *humanos* ou seres dotados de propriedades antropomórficas (por exemplo, uma instituição — o exército, um partido político...), em um *momento* (a Idade Média, a *Belle Époque*...) ou em um *lugar* (uma cidade, um monumento...). Mas tais distinções são frágeis: um país, por exemplo, é ao mesmo tempo um lugar, uma população, um governo...

Essas "entidades" são tradicionalmente objeto de uma grande quantidade de pesquisas, cujo propósito é estudar o que os pesquisadores chamam de "imagem de X" ou de "representação de X" (onde X pode ser o general de Gaulle, Lula, a China, a Igreja católica, o modernismo...) em determinado contexto. Mas o analista do discurso, dados seus pressupostos, dificilmente pode raciocinar em termos de "representação" ou de "imagem" que se encontraria na cabeça de um grupo mais ou menos vasto, cuja projeção em um conjunto de textos convenientemente escolhidos o pesquisador teria apenas de encontrar. Trata-se, para a análise do discurso, de apreender as entidades por meio dos funcionamentos discursivos, e não como a expressão de realidades que estariam acima[3], fora da linguagem.

As entidades humanas podem ser um membro prototípico de uma classe, o que comumente se chama uma *figura* (o cangaceiro, o

---

[3] Maingueneau emprega com frequência as expressões "en amont" e "en aval", que, literalmente, remetem à nascente e à foz de um rio. Eventualmente, com elas, remete à produção e à recepção do discurso, embora este não seja o caso aqui. Traduzo "en amont" por "acima"; com isso, penso dar conta do sentido de "acima" ("estar acima de", isto é, livre de condicionamentos), tendo em mente também que "rio acima", por exemplo, remete à nascente, isto é, ao que vem antes (N. do T.).

guerrilheiro, o terrorista, o jovem e dinâmico executivo...). Pode ser também um *indivíduo* dotado de um nome famoso. Na imprensa contemporânea, as pessoas que pertencem à rubrica "*people*" fornecem *corpora* em abundância. De fato, são indivíduos definidos de maneira circular pelo fato de que, em um momento dado, *fala*-se deles nas mídias. Alguns atingem o estatuto de ícones, como a princesa Diana:

> Pode-se dizer que Diana e a enorme quantidade de palavras escritas sobre ela formam um espaço discursivo (Gilbert *et al.*, 1999; Silverstone, 1998). Ela é o centro bastante enigmático de numerosas representações concorrentes da realeza, da feminidade, da democracia, da família, da moralidade, da celebridade, da moda, do choque entre vida privada e vida pública. Tal espaço discursivo é um lugar de debate (Wetherell, in Wetherell *et al.* [orgs.], 2001: 25).

Tal "espaço discursivo" é evidentemente impossível de ser fechado e, até mesmo, irrepresentável. Nenhum recorte preestabelecido pode ser imposto ao pesquisador. E não pode constituir um objeto para os analistas do discurso, a não ser que eles extraiam dali formações discursivas, em função de hipóteses que guiem a pesquisa e do tipo de processamento que se pode aplicar ao *corpus*.

Poderíamos dizer coisas semelhantes sobre as "figuras". Por exemplo, o "refugiado", cujo processamento pela análise do discurso pode convocar tipos e gêneros de discurso muito diversos:

> Para compreender de um ponto de vista de análise do discurso por que uma pessoa é um refugiado, é necessário explorar de que forma discursos como o do direito de asilo, de imigração, de ações humanitárias e de soberania, entre outros, contribuem para dar sentido ao conceito de refugiado. Para apreender como tais discursos evoluíram no decorrer do tempo, podemos estudar textos como os desenhos animados, os artigos de jornal e as convenções internacionais. Devemos também analisar o contexto social – guerras, calamidades naturais, acordos internacionais, o governo atual, os acontecimentos políticos em outros países – para ver como eles são postos em jogo em acontecimentos discursivos particulares (Phillips e Hardy, 2000: 4-5).

Este exemplo dá a medida da diversidade de materiais discursivos que podem ser utilizados para constituir o *corpus* de uma formação discursiva. Os autores integram nela não apenas gêneros de discurso ("desenhos animados, artigos de jornal, acordos internacionais..."), mas "discursos" — para nós, formações discursivas — ("sobre o direito de asilo, de imigração"...) em um processo de encaixamento: esses discursos sobre o direito de asilo ou de imigração são, eles mesmos, agregados de textos de múltiplos gêneros. Pode-se até perguntar se tal massa de materiais é realmente administrável: no limite, é o conjunto do interdiscurso que seria necessário mobilizar. Compreende-se, assim, a necessidade de separar problemáticas restritivas.

Notar-se-á a predileção desse tipo de pesquisa pelas "figuras" cuja inserção social é problemática (o cigano, o judeu errante, o terrorista, a prostituta, o imigrante...). Sem dúvida, os pesquisadores consideram que elas dão acesso privilegiado aos impensados da sociedade, que cumula de sentido quem resiste a suas categorias.

7.3.2 • Os acontecimentos

Expressões nominais como "o caso (de) X", "os acontecimentos de Y", "a catástrofe de Z"... estruturam as informações dadas pelas mídias. Algumas recaem sobre um ator central (p. ex., "o caso Dreyfus", "o caso do pequeno Grégory" etc.), outras sobre uma ação coletiva ("os acontecimentos de 11 de Setembro", "a tomada da Bastilha", "o golpe de 1964"...). Há também acontecimentos que se estendem no tempo: epidemias, guerras, "crises" ("o caso do sangue contaminado", "a crise da vaca louca"...).

A noção de "momento discursivo" se aplica bem aqui. S. Moirand o define assim:

> O surgimento nas mídias de uma produção discursiva intensa e diversificada sobre um mesmo acontecimento (Maio de 1968, guerra do Kosovo, intervenção russa na Chechênia, copa do mundo de futebol, festival de Cannes, crise da vaca louca...), e que se caracteriza por uma heterogeneidade multiforme (semiótica, textual e enunciativa) ("Momento discursivo", in Charaudeau e Maingueneau [orgs.], 2002: 389/340).

É preciso, entretanto, não ser vítima de uma ilusão: considera-se normalmente que a produção discursiva intensa suscitada por um acontecimento é justificada por sua importância. Mas, frequentemente, esse acontecimento só é importante porque as mídias falam dele.

Nem todo "acontecimento" é necessariamente estudado em termos de formação discursiva, de unidade não tópica. Se, por exemplo, só se levam em conta os artigos publicados sobre o 11 de Setembro de 2001 em um só jornal entre tal e tal data, não se pode falar de formação discursiva. Tal estudo é, de fato, triplamente estabilizado: pelas práticas dos jornalistas, pelo gênero de discurso (tal gênero de periódico), por um posicionamento (o do periódico no campo da imprensa escrita).

7.3.3 • Os cenários

Pode-se chamar de "cenários" temas tais como "o complô franco-maçom", "a ameaça islâmica", "a política de austeridade" etc. Não se trata nem de "entidades" nem de "acontecimentos" (a menos que se fale de um caso particular), mas da associação de actantes (franco-maçons, islamistas, governo...) e de atividades (complô, ameaça, política...) que se estendem sobre certa duração.

7.3.4 • Os nós

A noção de "nó" não pertence ao vocabulário usual da análise do discurso, nem mesmo ao das ciências humanas e sociais. Por meio dela, nos referimos a um tema que constitui um assunto de debate recorrente em determinada comunidade. A maior parte desses nós se organiza em duas categorias: as *questões* e os *problemas*.

- As "questões" tomam a forma de alternativas que se articulam facilmente em títulos de dossiês de imprensa: deve-se descriminalizar a maconha? É preciso controlar os preços?... Normalmente, tais questões se condensam em termos de "debate": "o debate sobre X".
- Os problemas, diferentemente, não podem ser reduzidos a alternativas: "O problema das periferias", "a crise da autoridade", "o déficit da Previdência", "a seca/crise hídrica"...

Pode-se perguntar o que distingue um cenário e um nó, "a ameaça do Estado Islâmico" e "o problema das periferias", por exemplo. No caso de "a ameaça do Estado Islâmico", focalizam-se os actantes (os adeptos do EI) e sua ação, enquanto no caso de "o problema das periferias" a abordagem se faz preferencialmente em termos de *situação* na qual estão implicados atores e fatores muito diversos. Mas tudo depende da maneira pela qual o tema é construído nos discursos. É capaz de até mesmo a expressão nominal figurar em várias categorias de temas, em função do processamento que se dê a eles.

7.4 • Temas e chaves: o pré-construído e o inédito

O que dissemos dos temas a partir dos quais se constroem formações discursivas pode produzir a sensação de que a iniciativa do pesquisador consiste essencialmente em operar uma seleção no vasto conjunto de elementos pré-construídos no interdiscurso: "O problema das periferias", "a princesa Diana", "os ciganos", "o analfabetismo"... De fato, nada impede que o analista do discurso delimite uma formação discursiva agrupando enunciados em torno de um tema que ele institui soberanamente. Desse modo, em vez de seguir recortes preexistentes, ele desenha outros, até então invisíveis. Aliás, é assim que Michel Foucault entendia.

Esses temas podem ser de tipos variados; pode-se, por exemplo, agrupar sob a etiqueta "malandro" certo número de personagens da cultura popular que partilhariam uma mesma propriedade em um espaço e em um período determinados. Pode-se igualmente decidir juntar numa mesma formação discursiva gêneros de discurso muito diversos (*curriculum vitae*, anúncios em *sites* de relacionamento, cartas de apresentação, páginas pessoais na Web, perfis em redes sociais...), com base na hipótese de que esses diversos gêneros participam de um mesmo tema — que podemos chamar de "autopromoção" — caracterizado pelo fato de um indivíduo produzir um discurso destinado a "se vender". O pesquisador, com isso, pode querer pôr em evidência uma transformação das formas de subjetividade em uma sociedade ultraliberal: cada indivíduo, responsável por si mesmo, é visto como inscrito em um "mercado" no qual deve "fazer a diferença" em relação a seus "concorrentes". Vê-se que, mesmo que um agrupamento como este não corresponda a um recorte preestabelecido, nem por isso é arbitrário.

Poderíamos falar, nesse caso, de "tema-chave", explorando o duplo valor da palavra, manifestado por expressões como "a chave do sucesso" (o centro, o elemento essencial) e "a chave dos sonhos" (a explicação, o desvelamento). Considera-se que o tema-chave, de fato, abra acesso a um fenômeno importante, indo além das aparências, desvelando uma realidade pouco ou nada visível. Há, compreende-se, uma afinidade natural entre as formações discursivas construídas em torno de temas-chave e as abordagens de intenção crítica. Por natureza, essas últimas têm de fato uma predileção por trazer à luz o que estaria escondido.

Se, de um ponto de vista quantitativo, a atualização de temas-chave é marginal em relação às pesquisas conduzidas em torno de temas pré-construídos no interdiscurso, a própria possibilidade de definir tais chaves é importante: ela evidencia a assunção do risco que constitui a delimitação de uma formação discursiva, o papel ativo do pesquisador, que não é obrigado a seguir os roteiros comuns, mas pode construir seus objetos de conhecimento. Isto é claramente evidente quando se consideram as formações discursivas "plurifocais".

7.5 • Formações discursivas plurifocais

Os diversos casos que consideramos até agora correspondem ao que poderíamos chamar de formações discursivas "unifocais", isto é, organizadas em torno de um único "foco", trate-se de uma entidade produtora, trate-se de um tema. Mas o pesquisador tem o direito de construir formações discursivas *plurifocais*, isto é, que comportem mais de um "foco". A distinção entre unifocal e plurifocal faz lembrar a oposição que Bakhtin estabelece entre textos "monológicos" e "dialógicos", que ele exemplifica com romances de Dostoiévski (Bakhtin, 1970): os primeiros são unificados pelo ponto de vista soberano do narrador; os outros mantêm uma irredutível pluralidade de pontos de vista.

Integrar diversos conjuntos textuais em uma formação discursiva verdadeiramente plurifocal não é simplesmente agrupar enunciados provenientes de tipos de discurso diferentes; de fato, ao postular que existe um princípio único que rege essa diversidade, permanece-se na lógica da formação discursiva unifocal. É, por exemplo, o que ocorre quando M. Foucault, em *As palavras e as coisas*, relaciona três conjuntos de textos *a priori* incomparáveis (a "gramática geral", a "história natural", a "análise das riquezas") para mostrar que, a despeito das aparências, "as análises da representação, da linguagem, das ordens naturais e das riquezas são perfeitamente coerentes e homogêneas entre si" (1966: 221), que elas são regidas por um mesmo sistema de regras, uma "disposição geral", um "solo comum no qual a história das ciências figura como um efeito de superfície" e que caracterizaria "a idade clássica" (1966: 221).

Na pesquisa em análise do discurso, o estabelecimento de formações discursivas plurifocais será sempre um fenômeno marginal. Mas o próprio fato de ser possível construir tais formações discursivas leva ao extremo a lógica que subjaz à noção de unidade não tópica: é o pesquisador que, em função de suas hipóteses, *dá forma* à configuração de textos sobre a qual vai trabalhar. Ele não se contenta em re-presentar unidades que, direta ou indiretamente, já estão dadas, mas agencia dispositivos de observação inéditos. Poderíamos arriscar aqui uma comparação com a história da pintura, na qual a passagem do figurativo ao abstrato fez passar da imitação de uma "realidade" prévia a uma reflexão sobre as próprias condições de acesso a essa "realidade".

8

Percursos e registros

8.1 • Os percursos

As formações discursivas têm por função integrar textos de diversos gêneros em conjuntos mais vastos, reunidos em torno de um foco, às vezes, de vários. As unidades não tópicas não estão todas submetidas a essa restrição. É o caso do que chamamos de *percursos*, que reúnem materiais heterogêneos em torno de um *significante* de dimensão variável (unidades lexicais, grupos de palavras, frases, fragmentos de textos, quando não textos), não para constituir um conjunto unificado por uma temática, mas para analisar uma circulação, para dar a medida de uma dispersão. Não se trata de procurar o "verdadeiro" sentido de certa expressão, mas, antes de tudo, de explorar uma disseminação. Este tipo de pesquisa é hoje consideravelmente facilitado pelos recursos oferecidos pelos aplicativos de análise do discurso assistida por computador, que permitem explorar *corpora* vastos.

Mesmo não sendo possível efetuar tais "percursos" em um espaço sem limites (em função do objetivo de sua pesquisa, o pesquisador é frequentemente obrigado a definir a amplitude do espaço que vai levar em conta), o que caracteriza o percurso é atravessar unidades tópicas variadas. A análise tece, assim, uma rede através do interdiscurso, traçando caminhos inesperados, esclarecendo relações insuspeitadas: retomadas e transformações do significado e/ou do significante de uma palavra ou de um grupo de palavras em uma série de textos, múltiplas recontextualizações de um "mesmo" texto ou fragmento de texto...

A priori, os percursos podem incidir sobre significantes de dimensões variadas, da unidade lexical ao texto, mas há unidades linguísticas mais propícias do que outras para esse tipo de processamento: as *fórmulas* e as "*pequenas frases*".

8.1.1 • As fórmulas

A noção de "fórmula" é utilizada em análise do discurso há muito tempo (Faye, 1972; Fiala e Ebel, 1983). A. Krieg-Planque (2009), que a retrabalhou, a definiu como

> um conjunto de formulações que, pelo fato de serem empregadas em um momento e em um espaço publico dados, cristalizam questões políticas e sociais que essas expressões contribuem, ao mesmo tempo, para construir (2009: 7/9).

Por outro lado, Krieg-Planque desenvolveu uma pesquisa de grande amplitude sobre a fórmula "purificação étnica" e seus substitutos (por exemplo, "limpeza étnica") na imprensa que trata da guerra na Iugoslávia entre 1980 e 1994 (Krieg-Planque, 2003).

Uma fórmula "funciona como passagem obrigatória dos discursos em um espaço público dado, quer se trate, para os locutores, de apoiá-la ou de recusá-la" (Krieg-Planque, 2012: 114). Em certo momento, no debate público na França, expressões nominais como "o rigor", "a defesa do meio ambiente", "a promoção da diversidade" (no Brasil, p. ex.: "carga tributária", "abaixo a ditadura") funcionaram como fórmulas desse tipo, que cristalizaram e fixaram questões, definiram linhas de demarcação entre diferentes posicionamentos:

> Trata-se, quando se trata de *corpora* precisos, de fazer aparecer a forma pela qual o discurso é, ao mesmo tempo, o instrumento e o lugar de relações de opinião: é aquilo por meio do que os atores constroem o consenso e a conflitualidade, o agrupamento e a divisão. Pelas palavras que empregam e as questões de valores nas quais investem, pelos comentários que produzem sobre esses usos, os locutores desenham o contorno das posições que ocupam ou que rejeitam (Krieg-Planque, 2012: 111).

A fórmula não se limita necessariamente a um só significante. Frequentemente, ela está no centro de uma rede. Uma pesquisa sobre a fórmula "mundialização" (Krieg-Planque 2012: 112) supõe levar em conta outras palavras indissociáveis daquela: um substituto como "globalização", derivados "mundialização", "antimundialização", "alteromundistas", "desmundialização"), mas também termos com os quais "mundialização" se combina regularmente: "os efeitos da mundialização", "a rejeição da mundialização"

Um percurso que se organiza em torno de uma unidade lexical se distingue de um estudo lexicológico que estudaria a polissemia de uma palavra por meio de seus usos. O analista do discurso, de fato, não tem o mesmo objetivo do linguista da língua. Ele não estuda o significado de "austeridade" ou de "diversidade", mas elementos pré-construídos no interdiscurso, associados ao artigo definido: as fórmulas "a austeridade" ou "a diversidade". O analista do discurso não pode trabalhar, no entanto, sem levar em conta as restrições impostas pela língua. "Diversidade", por exemplo, é um substantivo feminino derivado de um adjetivo por um sufixo de significado particular, *-idade*; é um substantivo que nunca se emprega no plural e porta um valor positivo. Em dado momento, um processo neológico o fez passar de um uso relativo ("a diversidade de X") a um uso absoluto ("é preciso promover a diversidade"), cujo referente é vago. Mas esse processo é ininteligível se não estiver relacionado ao jogo de forças, aos interesses, às estratégias que, num certo momento, tornaram ao mesmo tempo necessário e problemático o uso de tal fórmula.

8.1.2 • As pequenas frases

O que a mídia francesa chama de "petites phrases"[4] (frases do dia/da semana...) constitui igualmente uma base privilegiada para os percursos, na medida em que, precisamente, tais enunciados só existem por sua circulação. O paradoxo sobre o qual repousa a noção de "pequena frase" aparece de maneira bem nítida na matéria a seguir, produzida por uma agência de notícias:

---

[4] No Brasil, tipicamente, "frases da semana/do ano", que jornais e revistas publicam em sessões especiais (N. do T.).

> "Fábrica de cretinos e de desempregados", polêmica em torno de uma pequena frase de Oscar Temaru sobre a educação nacional
>
> No dia 4 de setembro de 2006, às 15:18 | fonte: Tahitipresse | Nenhum comentário
>
> "A educação nacional fabrica cretinos e desempregados." Esta pequena frase de Oscar Temaru, pronunciada em francês em um discurso em taitiano durante a inauguração da feira agrícola, na última quinta-feira, passou quase despercebida no dia em que foi pronunciada, mas fez grande ruído ao longo de todo o fim de semana, provocando protestos veementes por parte dos sindicatos de professores e da oposição política. [...]
>
> Na imprensa escrita polinésia, somente um jornal local deu a notícia, sem colocá-la particularmente em destaque num título ou subtítulo. Mas a sensibilidade sindical e política foi mais forte que a dos jornalistas a respeito da questão, tanto que as reações se multiplicaram (http://www.tahitipresse.pf, consulta no dia 01/09/2009).

Neste texto, considera-se que Oscar Temaru proferiu uma "pequena frase", e o jornalista se espanta que ela tenha passado despercebida. O autor do artigo parece considerar que a "pequena frase" já estava no discurso do político, esperando ser reconhecida como tal. Na realidade, ela só se tornou uma "pequena frase" porque foi destacada e posta em circulação e assinalada como desviante. O verdadeiro contexto de uma "pequena frase", não é, então, o texto-fonte, mas o espaço aberto de sua circulação, a multiplicidade de lugares onde ela é retomada e comentada: *sites* de informação, conversas, debates na televisão, fóruns, *e-mails* de leitores etc. A configuração midiática contemporânea, fundada na interconexão generalizada entre imprensa escrita, rádio, televisão, internet e telefonia móvel leva as possibilidades de disseminação dessas pequenas frases ao paroxismo.

Nessas condições, estudar o "percurso" de uma pequena frase de um político contemporâneo — como de um enunciado célebre de César, Napoleão ou Luís XIV — não é examinar em que medida seu sentido "verdadeiro", o que supostamente estava na cabeça de quem a proferiu, teria sido "alterado", "deformado": é observar um incessante trabalho de recontextualização, em função dos interesses dos que a convocam em seus discursos.

Todavia, não se pode associar automaticamente o estudo das fórmulas, das pequenas frases ou das citações célebres às pesquisas conduzidas em termos de "percurso". Se, por exemplo, se estuda o uso de uma fórmula nos limites de um posicionamento ou de um gênero de discurso, de uma unidade tópica, consequentemente, isto não se fará para desdobrar uma dispersão, mas para mostrar como ela contribui para construir a coerência.

8.2 • Os registros: recursos para a análise do discurso

As análises do discurso utilizam constantemente categorias que poderiam ser consideradas como não tópicas e cuja terminologia é flutuante. Quando se fala, por exemplo, de "discurso escrito", para opô-lo ao "discurso oral", de "registro cômico", de "discurso informativo" ou de "discurso didático", de "tom lírico" ou "trágico", de "estilo popular" ou "formal" etc., manejam-se categorias que atravessam uma multiplicidade de gêneros de discurso que não se deixam fechar nas fronteiras de uma esfera de atividade ou de um campo. Mas o fato de tais categorias serem maciçamente utilizadas nos estudos de discurso não significa que sejam específicas da análise do discurso. Elas fazem parte da caixa de ferramentas que o conjunto das ciências da linguagem partilha: em estilística, em retórica, em sociolinguística, em lexicografia etc. Convém designar esse tipo de categorias com o termo "registro".

Tais registros misturam em proporções variáveis critérios *linguísticos* e critérios *comunicacionais*.

Os traços linguísticos que permitem caracterizar um registro podem ser de ordem muito diversa (lexical, sintática, enunciativa, textual). Os discursivistas privilegiam os de ordem textual. Em matéria de propriedades enunciativas, pensa-se, especialmente, na distinção estabelecida por É. Benveniste (1966) entre "história" e "discurso"[5]: de um lado, os enunciados que apagam sua relação com sua própria situação de enunciação, eliminando os elementos dêiticos (*eu*, *tu*, *aqui*, *agora*...); de outro, os que remetem constantemente a sua situação de enunciação. Há também tipologias baseadas nos modos transfrásticos de organização, na maneira pela qual os textos são estruturados,

[5] A distinção foi posteriormente complexificada; ver, em particular, J. Simonin-Grumbach (1975), J.-P. Bronckart *et al.* (1985) e A. Rabatel (2005).

como as "sequências" de J.-M. Adam (1999): narração, descrição, argumentação... Para esse tipo de categoria, J. Swales (1990) prefere falar de "pré-gêneros", sublinhando com isso que são de alguma forma materiais para os gêneros de discurso propriamente ditos.

O analista do discurso não tem vocação para definir e caracterizar os registros fundados em traços linguísticos; essa é uma tarefa do linguista. Mas ele deve se apoiar constantemente neles quando estuda os textos. Constituem, de fato, um instrumento privilegiado para articular o sistema linguístico e a diversidade de situações de comunicação: escrever um artigo de biologia ou de física não é somente mobilizar o sistema da língua, é também administrar as restrições impostas pelo código escrito e por uma escrita científica que se apresenta como separada de sua situação de enunciação.

Diferentemente dos registros linguísticos, os registros de ordem *comunicacional* são estreitamente ligados às práticas sociais, à diversidade das situações de comunicação. Neste ponto, os parâmetros que podemos levar em conta são muito heterogêneos, como o testemunham as etiquetas de uso: "cômico", "didático", "literário", "informativo", "científico", "jurídico", "popular", "polêmico"... Mesmo que aconteça de algum desses registros investir de maneira privilegiada em certos gêneros de discurso, eles não se deixam fechar apenas neles: a divulgação, embora seja a atividade fundamental de certas revistas ou manuais, aparece também em jornais de TV, na conversa cotidiana etc.

Dada a diversidade dos fatores implicados na comunicação verbal, é extremamente difícil decidir o que é e o que não é um registro (será necessário postular a existência de um registro humorístico? De um registro melodramático?...) e onde passa a fronteira entre um e outro registro. Além disso, para um analista do discurso, o estudo do registro não poderia ser uma finalidade em si: ela é necessariamente levada em conta nos jogos da enunciação

Tomemos o exemplo de um registro comunicacional que estrutura o debate público: a polêmica.

A polêmica é comumente caracterizada acentuando-se ao mesmo tempo fenômenos como as negações, as interpelações, as injúrias..., em outras palavras, acentuando-se marcas enunciativas e atos de fala que seriam típicos de enfrentamentos verbais. Nesse nível, a polêmica é um "tom", tido como reconhecível por determinado número de traços linguísticos.

Mas, em um lugar e em um momento dados, a polêmica se unifica às práticas discursivas por meio das quais ela se exerce, se unifica à maneira pela qual uma sociedade põe em cena os conflitos de alcance coletivo: sobre o que polemizamos (sobre a graça de Deus, sobre a culpa do capitão Dreyfus, sobre o véu islâmico, sobre a qualidade do estilo de Flaubert, sobre a legalização da maconha...)? Quem polemiza? Em quais lugares? Por meio de quais gêneros de discurso? Etc.

Mas o estudo das práticas discursivas não é suficiente. Para que uma polêmica se desenvolva, é preciso que indivíduos que ocupam determinado lugar percebam certos enunciados como intoleráveis do ponto de vista desse lugar, a ponto de julgarem necessário entrar em conflito com sua suposta fonte. O analista do discurso é, então, levado a se perguntar se a relação com tal adversário é um acidente exterior ou se é constitutiva da identidade de um posicionamento. A polêmica, então, é vista numa perspectiva semântica: não apenas aquilo sobre o que se debate e aquilo que é dito, mas também a maneira pela qual isso é dito depende da identidade dos interlocutores.

Vemos então que, assim, mesmo sendo por direito indissociáveis nos textos, as três dimensões da polêmica que evocamos (enunciativa, genérica, semântica) não interessam da mesma maneira à análise do discurso. Poderíamos dizer o mesmo de outros registros: por exemplo, há traços linguísticos, enunciativos e pragmáticos característicos do registro didático, mas o didático é igualmente indissociável das práticas discursivas que o assumem em um espaço e por um momento específicos. Disso resulta uma interação particularmente complexa entre os registros e as categorias tópicas.

8.3 • Procedimento integrador e procedimento texto-analítico

A distinção que estabelecemos entre unidades tópicas e não tópicas cruza-se com outra, que diz respeito aos próprios métodos, à maneira pela qual eles permitem apreender o discurso: a distinção entre o procedimento *integrador* e o *analítico* (Maingueneau, 1987).

O procedimento "integrador" tem uma afinidade natural com as unidades tópicas. Ele é inevitavelmente dominante. Consiste em pensar em termos de articulação no interior de uma totalidade. Para um gênero de discurso, por exemplo, trata-se de articulações internas (quais são os componentes do gênero e quais são suas relações?) e de articulações externas (um gênero de discurso deve estar integrado a unidades mais vastas: lugares ou esferas de atividade, campos discursivos, redes de gêneros...). Os modelos de articulação assim elaborados podem ser muito diversos, incluindo integrar tensões: não é de forma alguma necessário postular qualquer complementaridade harmoniosa entre os elementos postos em relação.

Quanto ao procedimento que chamamos de "analítico" — que seria mais bem qualificado de "texto-analítico" —, ele não visa desenvolver uma rede de articulações, mas destacar nos textos pontos de inconsistência, falhas, contradições, interferências, lacunas... que o discurso se esforça em mascarar. É um procedimento que se assemelha mais ao da psicanálise quando ela persegue lapsos, denegações, ambiguidades... Não é nada surpreendente que as correntes da análise do discurso de orientação crítica nutram uma predileção por esse tipo de procedimento. A vontade de abordar os discursos por suas falhas convém particularmente às abordagens denunciadoras, que pretendem expor o inconfessável.

Em outro domínio, a filosofia, o empreendimento de "desconstrução" reivindicado pelos que se inspiram no pensamento de J. Derrida tem bastante afinidade com esses procedimentos texto-analíticos. Produz-se, aliás, uma contaminação entre os dois em determinados domínios de pesquisa, em particular nos "*estudos de gênero*" ou nos "*estudos pós-coloniais*". Mais estreitamente ligada à análise do discurso, sobretudo graças aos trabalhos de M. Pêcheux, a exigência de "leitura sintomal" defendida por L. Althusser (1965) inscreve-se igualmente numa perspectiva analítica. Trata-se ainda, para o analista, de interrogar o texto sobre aquilo que ele torna possível e que não controla, de produzir um "outro texto" que ilumina e desloca aquele que se oferece ao olhar. O analista pensa, assim, poder tornar legível o que está destinado a permanecer ilegível. É assim que Althusser dizia submeter o próprio texto de Marx "não a uma leitura imediata, mas a uma leitura 'sintomal', para distinguir nele, na aparente continuidade do discurso, as lacunas, os brancos e as deficiências de rigor, os lugares em que o discurso de Marx é apenas o não dito de seu silêncio, surgindo em seu *próprio* discurso" (Althusser e Balibar, 1968: 183). Em Pêcheux, que se inscreve nesse movimento, o texto é concebido como o produto de um *trabalho* ideológico, um pouco como o sonho é o produto de um *trabalho* psíquico. A tarefa do pesquisador é, assim, a de um *analista*, em sentido quase psicanalítico, que procura decompor, quebrar as articulações aparentes da continuidade do discurso. Para ter acesso a esse "outro texto" que o texto foi construído para esconder é preciso, por meio de um método apropriado, contornar essa "estrutura do desconhecimento que interessa, sobretudo, a todo pesquisador da ideologia" (Althusser, 1976: 34). As rupturas assim introduzidas na continuidade dos textos estão a serviço de uma ciência da ideologia, que, como a psicanálise, visa desfazer as ilusões por meio das quais os Sujeitos se constituem.

A dificuldade para os analistas do discurso é a de administrar a divergência profunda entre os procedimentos integradores que exploram zonas de coerência e os procedimentos texto-analíticos que focalizam os pontos de inconsistência e que visam desfazer o Um do discurso.

Encontra-se essa ambivalência, por exemplo, no recurso à informática. Na França, a análise do discurso manteve desde seus inícios uma relação muito forte com os computadores, em particular pelo programa de "Análise Automática do Discurso" elaborado por M. Pêcheux (1969), e pelo desenvolvimento de uma "lexicometria" na Escola Normal Superior de Saint-Cloud, primeiramente para analisar os panfletos políticos de Maio de 1968 (Demont *et al.*, 1975). Estes dois empreendimentos eram muito diferentes. Para Pêcheux, a informática estava a serviço de um procedimento texto-analítico, que visava romper as continuidades textuais, para dar acesso a uma espécie de inconsciente do texto. Por sua vez, o procedimento da lexicometria era nitidamente integrador: tratava-se de caracterizar, de destacar as características lexicais dos partidos políticos concorrentes em um mesmo campo, de mostrar o que cada um tinha de específico.

Pode-se dizer que esses dois tipos de procedimento, integrador e texto-analítico, são ambos necessários, na medida em que captam as duas faces da discursividade: a consistência de um discurso se constrói por meio de um trabalho permanente sobre uma inconsistência múltipla; as fronteiras de um discurso nunca deixam de ser atravessadas pelo interdiscurso que as domina.

PARTE III

O universo do discurso

9

Unidade e diversidade

9.1 • A diversidade genérica

DADO QUE definiram "o discurso" em um plano muito geral, os especialistas, em sua maioria, tendem a focalizar seus próprios campos de pesquisa (a conversação, o discurso político, os textos didáticos, a imprensa etc.), remetendo o restante a um imenso "interdiscurso" muito pouco especificado, do qual convocam, de tempos em tempos, em função de suas necessidades, esses ou aqueles elementos. O universo do discurso raramente é apreendido em sua globalidade, embora, de direito, a análise do discurso possa se interessar por todas as produções verbais, das aparentemente mais triviais às mais elaboradas, rompendo assim com a tradição imemorial que reservava tal estudo apenas a certas classes de produções verbais: textos literários, filosóficos, religiosos, jurídicos. Certamente, faz muito tempo que os filólogos estudam com atenção enunciados sem prestígio (os grafites nos muros de Pompeia, os livros contábeis dos escribas egípcios, os mapas medievais...), mas isso é porque esses enunciados são raros, preciosos vestígios de uma civilização ou de uma língua perdida.

Há algumas décadas, sob diversas influências — particularmente a da etnografia da comunicação e a de M. Bakhtin, e, mais amplamente, a das correntes pragmáticas —, a abertura do espaço dos objetos de estudo legítimos foi acompanhada por uma extensão da categoria de gênero de discurso ao conjunto dos enunciados produzidos em uma sociedade[1]: todo enunciado está inscrito em um gênero de discurso, os dados verbais são sempre formatados por restrições de gênero.

Fazendo isso, os analistas do discurso se distanciaram da concepção de gênero que prevalecia anteriormente nos estudos literários. De fato, no Ocidente, desde a antiguidade grega, a reflexão sobre o gênero se nutria de *duas* tradições muito diferentes, que, aliás, se consideravam, ambas, aristotélicas: a tradição da poética e a da retórica. A primeira utilizava categorias como "épico" ou "trágico"; a segunda propunha uma tripartição da retórica em três grandes gêneros, em função dos tipos de situação de comunicação nas quais o orador se engajava: "judiciário", "deliberativo" e "epidítico". Com o declínio da retórica ao longo do século XIX, foram, sobretudo, os gêneros e os subgêneros da literatura que concentraram a atenção. O desenvolvimento das problemáticas de análise do discurso retomou um interesse pela tipologia retórica, mesmo que ela, restrita à arte oratória, nunca tenha sido de grande valia quando se tratou de apreender o conjunto das práticas verbais de uma sociedade.

Geralmente se atribui a Bakhtin — mais precisamente em seu artigo "Problemas de gênero do discurso", publicado em 1979, mas escrito em 1952-1953 —, a vontade de generalizar a categoria do gênero ao conjunto do discurso:

> Nós só falamos em quadros de gêneros determinados, isto é, todos os nossos enunciados se caracterizam por formas típicas, relativamente estáveis, de construção de um todo (1984: 254).

Neste texto, M. Bakhtin distingue, mais precisamente, gêneros que chama de "primários", ligados às atividades da vida cotidiana, e gêneros que chama de "secundários", mais complexos, que derivam dos gêneros primários. Mas a referência constante a M. Bakhtin não deve nos iludir. Sua concepção do gênero é no mínimo instável:

> Inicialmente, somos surpreendidos pela disparidade dos "gêneros primários": Bakhtin ordena sob este termo, de um lado, "conversas à mesa, trocas de con-

[1] A questão do gênero de discurso foi particularmente trabalhada por autores franceses. Por exemplo, as reflexões de J.-P. Bronckart (1996), D. Maingueneau (1998, 2004), J.-M. Adam (1999), S. Branca-Rostoff (1999), F. Rastier (2001) e S. Moirand (2003).

versa amigáveis, conversas familiares íntimas" (259/287), "narrativas familiares, cartas privadas, diários íntimos, atas judiciais" (279/307), isto é, classes de textos, e, de outro lado, "gêneros cotidianos de saudação, de despedida, de congratulações, promessas de diferentes tipos, perguntas sobre a saúde e o andamento dos negócios" (258), e também fórmulas padrão de enunciados avaliadores, em outras palavras, gêneros que expressam valores como elogios, aprovação, admiração, censura, injúria: "Perfeito!", "Bravo!", "Que horror!", "Imbecil!" (265/288). Inclui aqui até mesmo "as frases interrogativas, exclamativas e incitativas" (269/292), isto é, classes de enunciados elementares definidos antes de tudo (se não unicamente) pelas intenções do locutor (Dolinine, 1999: 27).

Bakhtin tem claramente uma concepção muito ampla do gênero, que recobre para ele o conjunto dos esquemas preestabelecidos nos quais a fala pode fluir. A maior parte dos analistas do discurso tem uma concepção mais restritiva de gênero: se, para eles, a ata judicial ou os diários íntimos são certamente gêneros, este não será o caso das saudações ou das injúrias. De fato, eles apreendem o gênero como uma instituição de fala ao mesmo tempo social e verbal, um dispositivo que regula uma atividade verbal autônoma; ora, as saudações e as injúrias não são atividades autônomas: mais frequentemente, elas fazem parte de uma interação oral.

Entretanto, a generalização da categoria do gênero de discurso a todos os tipos de produção verbal se choca com uma dificuldade: essas atividades verbais são heterogêneas. No nível mais imediato, podem-se distinguir três grandes tipos de gênero, que podem ser classificados como gêneros "autorais", "rotineiros" e "conversacionais" (Maingueneau, 1999), ficando entendido que algumas práticas podem se situar na fronteira entre dois deles.

9.1.1 • Gêneros autorais

Esses gêneros são atribuídos pelo próprio autor, eventualmente por um editor. Em geral, são objeto de uma indicação paratextual, no título ou no subtítulo: "meditação", "ensaio", "dissertação", "aforismos", "tratado"... Estão principalmente presentes em certos tipos de discurso: literário, filosófico, religioso, jornalístico... Atribuindo determinada etiqueta a tal texto, impõe-se um quadro de atividade discursiva, indica-se ao destinatário como se pretende que o texto seja interpretado.

9.1.2 • Gêneros rotineiros

Gêneros como a cantilena do camelô, a entrevista radiofônica, a dissertação literária, o debate televisionado, a consulta médica, o jornal diário etc. são os que melhor correspondem à concepção de gênero de discurso como dispositivo de comunicação sócio-historicamente determinado. Os papéis exercidos pelos parceiros da comunicação, as finalidades da atividade, as circunstâncias nas quais a comunicação intervém são fixadas *a priori* e permanecem normalmente imutáveis durante o ato de comunicação. Para tais gêneros, não faz muito sentido perguntar quem os inventou, onde e quando; um erudito sempre pode pesquisar — supondo que isso seja possível — quem publicou o primeiro jornal diário, quem fez o primeiro *talk-show* na TV ou escreveu a primeira receita médica, mas aqui a questão da fonte não tem, de forma alguma, a mesma significação que tem para os gêneros autorais. As normas que regem esses gêneros rotineiros, de fato, não resultam de uma decisão individual, mas da estabilização de restrições sociais e psicológicas de diversos tipos, ligadas a uma atividade verbal que se exerce em um tipo de situação determinada. No interior desses gêneros rotineiros, pode-se definir uma escala, do mais ao menos restritivo: de um lado, os gêneros totalmente ritualizados, que deixam uma margem de variação mínima (atos jurídicos, por exemplo); de outro, os que, no interior de um *script* pouco restritivo, deixam uma parte importante às variações pessoais.

Os analistas do discurso privilegiam compreensível e espontaneamente os gêneros "rotineiros", deixando os gêneros "autorais" para os especialistas em literatura, em filosofia, em religião etc. Raramente esta tendência é justificada no plano teórico: os analistas do discurso não afirmam que os romances ou as obras de teologia não sejam de sua competência, mas, de fato, eles as evitam. Isto é compreensível. Se tivessem de integrar tais gêneros, a decisão colocaria em questão alguns de seus pressupostos teóricos e alguns hábitos em matéria de metodologia.

Esta atitude prolonga uma divisão do trabalho universitário que é antiga. No momento em que surgiram os estudos do discurso, nos anos 1960, as faculdades de letras analisavam os textos prestigiosos, dando particular atenção a seu "estilo"; por sua vez, os departamentos de ciências humanas ou sociais se dedicavam a textos de prestígio frágil, a "documentos" (questionários de pesquisa, testes, entrevistas, artigos de imprensa..., ou arquivos, para os historiadores) que não eram considerados passíveis de uma abordagem estilística e só eram estudados para dar acesso a realidades sociológicas ou psicológicas acima, fora da linguagem. Os estudos do discurso transformaram a forma de abordar os que antes eram considerados simples "documentos", que se beneficiaram, desde então, de uma atenção comparável à dedicada aos textos estudados nas faculdades de letras, mas em um quadro teórico e metodológico de natureza completamente outra. No entanto, a distribuição de tarefas não mudou fundamentalmente: os discursivistas tenderam a estudar os *corpora* desprezados pelas faculdades de letras. Na França, o extraordinário sucesso, na mesma época, das especulações sobre "a escrita" e "o Texto" (com maiúscula) apenas radicalizou o pressuposto segundo o qual os textos literários ou filosóficos, por direito, só eram passíveis de análises incomensuráveis com as dos textos "ordinários", e não podiam, pois, em nenhum caso, ser abordados com conceitos que não tivessem sido elaborados especificamente para eles.

9.1.3 • As conversas

Designamos com este termo, de maneira restritiva, as conversas "ordinárias", cujas características essenciais Kerbrat-Orecchioni (1990: 114-115) resume assim:

- caráter "imediato", no tempo e no espaço (proximidade dos participantes, contato direto, resposta instantânea);
- caráter "familiar" (ou "não formal"), espontâneo, improvisado, descontraído (trata-se de "*casual talk in everyday settings*" — Goodwin, 1981: 2): a conversa se opõe às outras formas de interação pelo fato de nenhum de seus componentes ser previamente fixado [...]
- caráter "gratuito" e "não acabado": a conversa é "desprovida de qualquer finalidade instrumental" (Goffman), ela não tem "outra finalidade senão... conversar" (André-Larochebouvy, 1984a: 18), isto é, ela comporta em si mesma sua finalidade [...]
- caráter "igualitário", enfim: mesmo que não tenham *de fato* o mesmo estatuto, os participantes *se comportam* na interação como iguais; eles dispõem do mesmo conjunto de direitos e de deveres [...].

Se, em gêneros rotineiros, as restrições são *globais* (elas regulam o conjunto da atividade) e, de alguma forma, *verticais* (elas são previamente impostas), nas conversações o que importa são as restrições *locais* e as estratégias de negociação e de ajuste entre os interlocutores; é um terreno privilegiado para estudar suas variações de identidade durante o desenvolvimento da troca.

9.2 • Regime instituído, regime conversacional

A tripartição entre interações conversacionais, gêneros rotineiros e gêneros autorais corresponde muito bem aos hábitos dos pesquisadores que, aliás, tendem a se dividir em três grupos com ancoragens institucionais distintas: os especialistas em conversação, estreitamente ligados à linguística ou a certas correntes da sociologia, os especialistas em gêneros institucionais ou midiáticos, fortemente ligados aos departamentos de comunicação, de educação ou de ciências políticas, os especialistas em humanidades que trabalham nas faculdades de letras tradicionais. Mas esta tripartição apresenta dificuldades, especialmente no que concerne à conversação.

De fato, parece evidente que a conversação dificilmente pode ser dividida em gêneros distintos; perguntar se uma conversa entre colegas no local de trabalho pertence ao mesmo gênero que uma conversa dos mesmos indivíduos quando se encontram na rua é bem diferente de perguntar se atividades orais como a consulta médica, o debate parlamentar e a entrevista de emprego são gêneros distintos. A diferença entre as conversas, de um lado, e os dois outros tipos de atividade verbal (autorais e rotineiras), de outro, nada tem em comum com a que separa gêneros autorais e gêneros rotineiros. A possibilidade, para os autores dos gêneros "autorais", de categorizar suas práticas verbais como "meditação", "manifesto", "confissão"... intervém, de fato, no interior de gêneros que são, em última instância, rotineiros. Por mais que um jornalista possa categorizar como "Papo furado" sua crônica cotidiana, a crônica não deixa de constituir um gênero textual rotineiro, incluído, por sua vez, em um gênero de discurso rotineiro, o jornal diário. Apesar de Arthur Rimbaud ter caracterizado como "Iluminações" sua coletânea de poemas em prosa, eles continuam poemas, com tudo o que isso implica de um ponto de vista de organização textual, tamanho, modo de difusão, público leitor...

É mais realista, então, substituir essa tripartição em três grandes tipos de gêneros por uma distinção entre apenas dois regimes complementares: um *regime instituído*, que recobre gêneros autorais e rotineiros e para o qual a noção de gênero de discurso é plenamente válida, e um *regime conversacional*, no qual dominam "flexibilidade" e "desorganização relativa" (Kerbrat-Orecchioni, 1990: 115) e para o qual a categorização em gêneros de discurso é altamente problemática.

É preciso evitar, porém, estabelecer uma hierarquia de valor entre esses dois regimes, em um ou outro sentido. A opinião comum, sabemos, desvaloriza a conversa, considerada um uso "descuidado" da língua. Um preconceito reforçado pelo prestígio da escola, entre cujas funções está precisamente a de permitir aos alunos o acesso a modos de expressão verbal, particularmente escritos, que se afastam das conversas espontâneas. Inversamente, muitos discursivistas tendem a erigir as interações conversacionais em *corpora* privilegiados, os únicos verdadeiramente autênticos. Fazendo isso, prolongam um dos pressupostos fundadores da linguística moderna, para a qual o uso oral é o único uso verdadeiro da língua. É uma tese fortemente afirmada por Saussure em seu *Curso de linguística geral*, que pretendia se diferenciar da filologia, estreitamente ligada aos documentos escritos, e de uma visão normativa da língua, que tinha como referência os textos literários. Com o desenvolvimento das técnicas de gravação em áudio, e depois em vídeo, os linguistas puderam ir ainda mais longe na valorização da oralidade espontânea. Entre os discursivistas, essa tendência foi reforçada por diversas correntes da sociologia do século XX, que optaram por uma visão microssociológica, cuja ênfase não recai nas instituições, mas nas ligações sociais elementares, entre indivíduos. A convergência desses dois movimentos se traduziu em algumas correntes de estudos do discurso por uma atenção quase exclusiva às conversas, consideradas a "verdadeira vida" do discurso.

A atividade discursiva repousa, de fato, na complementaridade entre os dois regimes, instituído e conversacional. Os sujeitos falantes não cessam de passar de um regime a outro: um, o regime instituído, que atribui papéis no interior de dispositivos restritivos, o outro, o regime conversacional, no qual as identidades e as situações são fluidas e instáveis. O que, bem entendido, não significa de forma alguma que, nas conversas, os indivíduos seriam livres de restrições.

O regime da conversação e o dos gêneros instituídos mantêm, entretanto, uma relação assimétrica. A conversação é quantitativamente muito mais importante e constitui o fundo sobre o qual se destaca a multiplicidade de gêneros instituídos. Além disso, enquanto o regime conversacional é acessível a todos os locutores, que, de alguma forma, estão nele imersos desde seu nascimento, o acesso aos gêneros instituídos é muito desigualmente distribuído: cada indivíduo, conforme sua profissão e o capital cultural ou social de que dispõe, domina ou não tais e tais gêneros. E este domínio adquire um sentido muito diferente quando se trata de competência ativa (poder produzir discurso em determinada situação) ou somente de competência passiva (saber comportar-se de maneira adequada, sem produzir enunciados).

Essa complementaridade entre o regime instituído e o conversacional pode ser interpretada de múltiplas maneiras, em função da concepção da sociedade na qual nos apoiamos. Para os autores de *A construção social da realidade* (1966), os sociólogos Peter Berger e Thomas Luckmann, por exemplo, a conversação serviria para a "reconfirmação" recíproca das representações mentais das ações do outro, e, portanto, para a estabilização da "realidade subjetiva":

> A maneira mais importante de manter a realidade é a conversação. Pode-se apreender a vida cotidiana do indivíduo em termos de trabalho permanente de um aparelho conversacional que, de maneira contínua, mantém, modifica e reconstrói sua realidade subjetiva [...]. É importante sublinhar, no entanto, que a maior parte da manutenção da realidade na conversação é implícita e não explícita. Na maior parte do tempo, a conversação não define claramente a natureza do mundo. De fato, ela se apoia contra o pano de fundo de um mundo que é simplesmente considerado evidente. Por exemplo, "Bom, está na hora de eu ir para a rodoviária" e "Bem, querido(a), tenha um bom dia no escritório" implicam um mundo no interior do qual estas frases aparentemente simples fazem sentido. Graças a essa implicação, a troca verbal confirma a realidade subjetiva deste mundo (1966: 152-153).

A distribuição da palavra em dois regimes não tem, todavia, nada de complementaridade pacífica e de uma divisão clara: ela implica uma tensão permanente. Os gêneros instituídos orais, em particular, são em regra geralmente cercados na conversação. O exemplo mais caricatural a esse respeito é o dos professores que lutam contra o falatório dos alunos durante as aulas. De todo modo, as atividades orais próprias do regime instituído são inevitavelmente precedidas e seguidas por conversas. Goffman sublinhou este ponto:

> Em nossa sociedade, cada vez que dois indivíduos conhecidos se reencontram por razões de negócio, de profissão ou de serviço, um período de "*small talk*" pode muito bem começar e terminar a transação – uma miniversão do "prelúdio" e do "poslúdio" que enquadram atividades sociais mais importantes (1981:125).

Nessas fases de "prelúdio" e de "poslúdio", quando, de alguma forma, o "fora do ar" se opõe ao "no ar", os participantes podem se liberar do papel que lhes é atribuído pelo contrato de comunicação em função do qual se reuniram.

Mas falta muito para que essa distinção entre conversas e gêneros instituídos recubra a totalidade dos enunciados produzidos em uma sociedade. No mundo do trabalho, por exemplo, um grande número de atividades exige produções verbais que intervêm no interior de uma tarefa que não é propriamente verbal: por exemplo, no hospital, os exames médicos ou as cirurgias. Os ciclistas que correm a Volta da França estão conectados permanentemente com seu treinador, *por meio de* um ponto eletrônico, mas a finalidade de sua atividade não é de forma alguma verbal. Como lembra N. Fairclough, "deve-se fazer uma distinção entre os casos em que a atividade social é antes de tudo discursiva (uma conferência, por exemplo) e os casos em que o discurso tem um papel auxiliar (por exemplo, consertar o motor de um carro ou jogar futebol)", mesmo que a questão de saber "se o discurso tem um papel de primeiro plano ou se é auxiliar seja uma questão de grau" (2003: 70).

Nas atividades em que a primazia não é da palavra, os enunciados só podem ser estudados em relação com as ações a que estão associados. A análise do discurso deve, então, mobilizar aparatos conceituais e metodológicos específicos para estudar as práticas em que a atividade verbal está integrada na realização de uma atividade não verbal. Mas nada impede um gênero instituído ou uma verdadeira conversa de se inserirem em uma atividade predominantemente não verbal: por exemplo, se, durante um exame médico, o paciente e os funcionários começam uma conversa ou se o médico redige uma receita ou um relatório.

Não se deve ter ilusão, contudo, quanto à eficácia desse tipo de distinção. Com a evolução das tecnologias da comunicação, as situações se tornam cada vez mais difíceis de classificar, tal é a mistura entre atividades verbais e não verbais. A presença crescente das novas tecnologias na vida moderna torna possíveis formas de interação que se deixam prender cada vez menos em uma oposição elementar entre atividade verbal e não verbal. Depois delas, torna-se mais difícil associar *um* gênero de discurso a *uma* situação de comunicação: o hibridismo torna-se a regra[2].

[2] Retomaremos essa questão no capítulo 15.

10

Gênero de discurso e cena de enunciação

10.1 • A cena de enunciação

Unidade tópica fundamental, o gênero de discurso recobre o conjunto das atividades discursivas decorrentes do regime instituído. É necessário, agora, avançar na análise. Para fazer isso, vamos abordá-lo em termos de *cena da enunciação* (Maingueneau, 1998a), evitando, assim, noções como "situação de enunciação", de ordem estritamente linguística, ou de "situação de comunicação", que pode ser utilizada em uma abordagem puramente sociológica em que a atividade de fala é descrita de alguma forma a partir do exterior. O termo "cena" apresenta ainda a vantagem de poder referir ao mesmo tempo um *quadro* e um *processo*: ela é, ao mesmo tempo, o espaço bem delimitado no qual são representadas as peças ("na cena se encontra...", "o rei entra em cena"), e as sequências das ações, verbais e não verbais que habitam esse espaço ("ao longo da cena", "uma cena doméstica")[1]. De fato, o discurso pressupõe certo quadro, definido pelas restrições do gênero, mas deve também gerir esse quadro pela encenação de sua enunciação. Mas, como se verá, a relação entre o quadro prévio e a

---

[1] Em português, o efeito se mantém mais claramente em expressões como "quando ele entra em cena " e "durante a cena do assassinato " (N. do T.)

encenação da fala que a enunciação implica não é a mesma em todos os gêneros de discurso.

Para falar de "cena da enunciação", recorremos a uma metáfora emprestada do mundo do teatro. Há, desde a antiguidade, e, em particular, desde os estoicos, uma longa tradição de moralistas que veem na sociedade um imenso teatro no qual os homens apenas desempenham papéis. Os trabalhos de E. Goffman mostraram a produtividade desta metáfora para as interações conversacionais. Mas é nos gêneros instituídos que os sujeitos estão mais conscientes de que participam de uma peça de teatro, de que desempenham um papel previamente imposto. Um gênero de discurso mobiliza seus participantes por meio de um papel determinado, mas não em todas as suas determinações possíveis. Quando um policial verifica a identidade de alguém, intervém como agente da força pública, e não enquanto pai de família com três filhos, homem moreno, com bigodes, com um sotaque sulista ou carioca. Quanto ao indivíduo identificado, ele o é apenas quanto às oposições ter ou não ter documentos regularizados, ser ou não ser procurado pela justiça etc. Por outro lado, na conversa psicoterapêutica, as propriedades invocadas são completamente outras: ser homem ou mulher, angustiado ou instável, em conflito com os pais, infeliz no amor etc.

Contudo, a metáfora teatral logo encontra seus limites: se um(a) ator (atriz) pode afirmar sem dificuldade que não é Hamlet ou Engraçadinha, os que participam dos gêneros de discurso, salvo situações muito particulares, não podem deixar suas roupas nos camarotes. Nossa personalidade é tecida de múltiplos "papéis", que nos são atribuídos. Encontramo-nos sempre confrontados com o paradoxo de uma teatralidade da qual não podemos sair.

A cena de enunciação de um gênero de discurso não é um bloco compacto. Ela faz interagir três cenas (Maingueneau, 1993, 1998a): a cena *englobante*, a cena *genérica*, a *cenografia*.

10.1.1 • A cena englobante

A *cena englobante* corresponde à definição mais usual de "tipo de discurso", que resulta do recorte de um setor da atividade social caracterizável por uma rede de gêneros de discurso. Quando recebemos um folheto na rua, devemos determinar a que título ele nos interpela, se ele é resultante do discurso político, publicitário, religioso... Uma cena englobante política, por exemplo, implica uma relação entre um "cidadão" dirigindo-se a "cidadãos" sobre temas de interesse coletivo. Em uma cena englobante literária, um enunciado tem *a priori* um número determinado de propriedades específicas: seu autor pode ser um pseudônimo, o que ele diz pode ser ficção (mesmo se enunciado por um "eu"), pode tomar liberdades com as normas usuais da comunicação verbal (insultar seu destinatário, revelar sua intimidade diante de desconhecidos...).

Nesse nível, algumas propriedades específicas são ligadas aos participantes. Na cena englobante científica, por exemplo, o locutor deve mostrar que se adapta às normas impostas pelo estatuto de "homens de ciência", figura que transcende os múltiplos gêneros do discurso científico: imparcialidade, serenidade, clareza... Da mesma forma, escrever uma notícia ou uma circular administrativa também é colocar-se, respectivamente, como jornalista ou como agente da administração competente e legítimo. Poder-se-ia, aqui, recorrer à noção de "superdestinatário" introduzida por M. Bakhtin, mas dando-lhe um sentido mais restrito. Efetivamente, Bakhtin designa com este termo um terceiro que se superpõe ao destinatário imediato da interação verbal:

> Um autor não pode jamais remeter-se completamente [ao interlocutor] e destinar toda a sua produção verbal à vontade absoluta e definitiva de destinatários atuais ou próximos [...], e sempre, ele pressupõe (com uma consciência mais ou menos clara), alguma instância de compreensão responsiva que pode ser diferida em direções variadas. Todo diálogo se desenvolve, dir-se-ia, em presença do terceiro, invisível, dotado de uma compreensão responsiva, e que se situa acima de todos os participantes do diálogo (os parceiros) (Bakhtin, 1984: 337).

S. Moirand (1988: 458) retrabalhou este conceito para aplicá-lo ao discurso científico: o terceiro que Bakhtin evoca é então concebido como um representante ideal da disciplina à qual o autor se filia ou à qual pretende pertencer. Os produtores de discurso derivados de determinada cena englobante devem, por meio de sua enunciação, mostrar que se conformam aos valores prototipicamente relacionados ao locutor pertinente para o tipo de atividade verbal em pauta: assim, um político deve ser "um homem de convicções", um funcionário, um homem "devotado" ao serviço público etc.

A partir do momento em que um texto é conservado e reempregado em um novo contexto, ele pode decorrer de cenas englobantes diferentes daquela que foi sua enunciação original. O célebre discurso de Martin Luther King, "*I Have a Dream*", decorre originalmente da cena política, mas pode ser republicado em uma antologia de grandes textos da história dos Estados Unidos, em um DVD que reúne discursos contra o racismo, em um manual de filosofia dirigido ao ensino médio etc. Que dizer, então, dos romances do Marquês de Sade, publicados clandestinamente como textos pornográficos, mas que hoje são publicados na cena englobante literária na prestigiosa Bibliothèque de la Pléiade?

Um texto, a partir de sua origem, pode até participar de duas cenas englobantes ao mesmo tempo. Por exemplo, as entrevistas radiofônicas do escritor Paul Claudel a Jean Amrouche, difundidas pela France Culture em 1951-1952, eram simultaneamente resultado da cena englobante midiática e da cena englobante literária. Quando, em 1954, foram publicadas em livro, com o título de *Mémoires improvisés*, foram situadas na cena literária: dissociadas da cena midiática, foram apresentadas como fazendo parte da obra de Claudel, aliás, creditado na capa como o único autor.

Este exemplo permite sublinhar outra dificuldade: o encaixamento de cenas englobantes. Atribuímos as entrevistas de Claudel à "cena midiática", mas também poderíamos tê-las atribuído à "cena radiofônica". Em última instância, é o pesquisador, em função de seus objetivos, que é levado a decidir em que nível vai situar a cena englobante pertinente. Tais decisões não são sem consequências: não é indiferente inscrever os romances de Júlio Verne na cena englobante da "literatura" ou somente na da "literatura juvenil", mais restrita.

10.1.2 • A cena genérica

Evocamos por primeiro a cena englobante, mas, para os usuários do discurso, a realidade tangível, imediata, são os gêneros de discurso. As cenas *genéricas* funcionam como normas que suscitam expectativas. A cada gênero são, assim, associadas:

- *Uma ou mais finalidades*: supõe-se que os locutores sejam capazes de atribuir uma (ou várias) finalidade(s) à atividade da qual participam, para poder regular suas estratégias de produção e de interpretação dos enunciados. Na maior parte do tempo, isso se faz espontaneamente; eles não são levados a se perguntarem sobre a finalidade de um gênero, exceto em determinadas condições: se o gênero não lhes é familiar, se encontram alguma dificuldade, se são questionados sobre sua prática... Por exemplo, se se pergunta a um estudante de uma faculdade de letras qual é a finalidade de uma dissertação, ou a um telespectador, qual é a finalidade de um *talk-show*, obtêm-se respostas bastante diferentes. As respostas serão eventualmente outras se a pergunta for feita a especialistas (no caso, os professores ou os jornalistas que desempenham essas atividades), e ainda outras, se dirigidas a sociólogos da mídia, a psicólogos sociais ou a analistas do discurso. Os gêneros instituídos têm certa autonomia em relação às representações daqueles que as mobilizam. São instituições que, como tais, lhes preexistem e se mantêm para além deles.

- *Papéis para os parceiros*: em um gênero de discurso, a fala vai de um papel a outro. A cada um desses papéis são atribuídos direitos e deveres, bem como competências específicas. Há papéis "estatutários" (professor, presidente, comerciante...) associados a certos comportamentos discursivos e a certos papéis propriamente "verbais" (interrogador, narrador...) e a certas atitudes durante a enunciação (entusiasmo, calma, benevolência...).
- *Um lugar apropriado para seu sucesso*: pode se tratar de um lugar fisicamente descritível (uma escola, um tribunal, uma sala de banquete...), mas, para a Web, para emissões de rádio e de TV, para textos escritos, trata-se de espaços de outro tipo. Há gêneros cujos lugares são impostos (os cartórios e as igrejas para os casamentos, os tribunais para os julgamentos...) e outros que não impõem nada parecido (uma cerimônia de despedida para quem se aposenta e uma reunião eleitoral não estão necessariamente associadas a um lugar). Mas a escolha do lugar nunca é indiferente, sobretudo para os discursos com forte carga simbólica: os candidatos em uma eleição importante escolhem cuidadosamente o lugar no qual vão anunciar sua candidatura.

- Um modo de inscrição n*a temporalidade*, que atua em diversos eixos: a periodicidade ou a singularidade das enunciações, sua duração previsível, sua continuidade, seu prazo de validade.
- *Um suporte*: um "texto" não é um conteúdo que tomaria emprestado de maneira contingente algum suporte (a oralidade do face a face, as ondas do rádio, o livro em papel, uma tabuleta de argila...): ele é indissociável de seu modo de existência material, tanto que ele próprio condiciona sua forma de *transporte* e, eventualmente, de *arquivamento*.
- *Uma composição*: dominar um gênero de discurso é ter uma consciência mais ou menos clara de suas partes e de seu modo de encadeamento. Alguns gêneros, como a dissertação literária, o jornal televisado ou as decisões da justiça seguem um "plano de texto" rígido, isto é, eles se decompõem em determinado número de partes bem diferenciadas, que devem se suceder numa determinada ordem. Mas, para muitos outros, trata-se somente de uma espécie de "caderno de encargos" (certo número de tarefas devem ser cumpridas no decorrer de uma atividade discursiva) que pode se manifestar por meio de uma grande diversidade de planos de texto.
- *Um uso específico de recursos linguísticos*: todo locutor tem à disposição um repertório mais ou menos extenso de variedades linguísticas (quer se trate de escolher entre diversas línguas ou dialetos, ou entre diversos registros no interior da mesma língua) e cada gênero de discurso impõe, tacitamente ou não, restrições na matéria. Os gêneros administrativos ou os manuais escolares excluem o nível da língua familiar, os gêneros produzidos nas ciências "duras" recorrem maciçamente ao inglês etc. Esse é um campo privilegiado para a sociolinguística.

10.1.3 • A cenografia

As normas constitutivas da cena genérica não bastam, entretanto, para dar conta da singularidade de um texto. Enunciar não é apenas ativar as normas de uma instituição de fala prévia; é construir sobre essa base uma encenação singular da enunciação: uma *cenografia*.

Um romance, por exemplo, pode ser enunciado por meio de uma *cenografia* do diário íntimo, do relato de viagem, de uma conversa ao pé do fogo, de uma correspondência amorosa... A noção de cenografia se apoia na ideia de que o enunciador, por meio da enunciação, organiza a situação a partir da qual pretende enunciar. Todo discurso, por seu próprio desenvolvimento, pretende, de fato, suscitar a adesão dos destinatários instaurando a cenografia que o legitima. Esta é imposta logo de início, mas deve ser legitimada por meio da própria enunciação. Não é simplesmente um cenário; ela legitima um enunciado que, em troca, deve legitimá-la, deve estabelecer que essa cenografia da qual a fala vem é precisamente *a* cenografia requerida para enunciar como convém num ou noutro gênero de discurso.

Quando Pascal, em 23 de janeiro de 1656, escreve a primeira de suas "cartas a um provincial de seus amigos", primeiro texto de uma série conhecida pelo nome *Provinciais*, ele se afasta da cena genérica efetiva de seu texto (a de um escrito polêmico destinado a defender uma causa religiosa, no caso, a dos jansenistas). Esse texto, de fato, repousa sobre uma cenografia original: um homem culto e honrado que ignora as querelas dos teólogos escreve uma carta a um amigo do interior para informá-lo, em um tom irônico e em um francês desprovido das tecnicalidades teológicas, da pesquisa que realizou sobre o conflito em curso entre os jansenistas e a Sorbonne. A escolha dessa cenografia é plena de sentido. Esteja ele consciente ou não disso, ao recorrer a tal encenação, Pascal modifica o próprio estatuto desse tipo de debate: por sua própria enunciação, mostra que um indivíduo não especialista em teologia, que só dispõe de sua razão e do domínio da língua comum, pode legitimamente entrar em uma querela teológica e que esse debate interessa a todos. Em outras palavras, o locutor deve, em seu enunciado, configurar um mundo cujas propriedades sejam tais que justifiquem o próprio quadro da enunciação: é preciso apresentar a querela jansenista a partir de determinado olhar para justificar que se participe dela publicando uma carta destinada a pessoas comuns e que mobiliza os recursos linguísticos delas.

Uma cenografia só se desenvolve plenamente se o locutor puder controlar seu desenvolvimento. Nesse sentido, as cenografias mais destacadas e as mais estáveis são as enunciações monologais, nas quais o locutor pode dominar o conjunto do processo. Em uma interação oral, é difícil, para os participantes, impor a mesma cenografia ao longo de toda a interação: eles são obrigados a reagir imediatamente a situações imprevisíveis suscitadas pelos interlocutores e, então, a modificar continuamente a encenação de sua palavra.

A cenografia pode se apresentar em duas modalidades distintas: a "endógena" e a "exógena".

No exemplo das *Lettres à un provincial de ses amis*, a cenografia é uma cena de fala "importada" de outro universo: ela contrasta com a cena genérica efetiva (a de um escrito polêmico no interior de um debate teológico). O mesmo não ocorre com o texto abaixo, proveniente do discurso político contemporâneo: a profissão de fé do candidato à eleição presidencial, José Bové, dirigida a um conjunto de eleitores alguns dias antes do primeiro turno da eleição de 2007. A primeira das quatro páginas contém o seguinte texto:

> Senhora, Senhorita, Senhor
>
> Eu sou um candidato diferente dos outros.
>
> Sindicalista camponês, militante alteromundista, cidadão engajado, não pertenço a nenhum partido político. Milhares de homens e de mulheres, militantes ou não, com sensibilidades diversas, me pediram para ser seu candidato.
>
> Solicito seus votos como porta-voz de um agrupamento de milhões de cidadãos e de cidadãs que padecem da precariedade e da insegurança social, que contestam um sistema político confiscado por alguns grandes partidos e que se inquietam por si mesmos e pelas próximas gerações diante do futuro do planeta.
>
> Como vocês, não acredito na alternância sem fim entre a direita dura e a esquerda frouxa. Vocês têm nas mãos uma arma pacífica para dizê-lo: seu voto. Há dois anos, as eleitoras e os eleitores se insurgiram contra o projeto da Constituição europeia.
>
> No próximo dia 22 de abril, teremos ocasião de decretar a insurreição eleitoral contra o liberalismo econômico.
>
> Nós podemos mudar realmente a vida. Nós podemos impor, aqui e agora, uma verdadeira transformação social, feminista, democrática e ecológica.
>
> Seu voto é importante para derrotar a direita e a extrema-direita, que promovem a regressão social e ambiental. Ele é útil para construir uma esquer-

da alternativa que reúna e ponha fim à sociedade do tudo para o mercado, do tudo pelo lucro. Seu voto é precioso para reconstruir a esperança. No dia 22 de abril, vocês podem dizer que outro futuro é possível.

Às urnas, Cidadãs, Cidadãos

JB

Essa cenografia difere nitidamente da anterior, a de Pascal, que podemos caracterizar como "exógena", que resultava da importação de outra cena genérica, a da carta entre amigos. Pode-se dizer que a cenografia de José Bové é "endógena", porque ela não superpõe outra cena genérica à da profissão de fé de um candidato à eleição presidencial. Essa cenografia endógena se constrói atribuindo um valor particular às variáveis de qualquer situação de enunciação: quem fala? a quem? onde? quando?

Mesmo sem proceder a uma análise detalhada, vê-se que, nesse texto, o enunciador se institui como "porta-voz de um agrupamento..." e como "sindicalista camponês, militante, alteromundista, cidadão engajado..."; a isso se juntam diversas características implícitas, em particular uma postura feminista que se manifesta, entre outras coisas, pela inscrição reiterada de marcas do feminino[2] ou da primazia conferida aos termos de tratamento femininos ("Cidadãs, cidadãos..."). Quanto ao destinatário ao qual se dirige o enunciador, uma série de relativas restritivas associadas ao "agrupamento" permite definir de maneira oblíqua suas propriedades:

- "padecer da precariedade e da insegurança social";
- "contestar um sistema político confiscado por alguns grandes partidos";
- "inquietar-se por si mesmos e pelas próximas gerações diante do futuro do planeta".

O lugar do qual essa enunciação pretende surgir é aquele ocupado por um homem que "não pertence a nenhum partido" e se recusa a se inserir em "um espaço confiscado por alguns grandes partidos". Em matéria de inscrição no tempo, sua enunciação se situa na continuidade de dois momentos: um explícito (dois anos depois que "as eleitoras e os eleitores se insurgiram contra o projeto da Constituição europeia"),

---

[2] No original, "militant-e-s", "insurgé-e-s" (N. do T.).

o outro implícito (a Revolução Francesa), cuja presença se torna visível na captação do refrão da Marselhesa ("Às urnas, Cidadãs, Cidadãos!").

Notaremos que essa cenografia não tem sentido por si mesma, mas apenas se relacionada ao(s) *cenário(s)* característicos do posicionamento político que o locutor reivindica. Esse texto se inscreve assim, primeiramente, no vasto cenário por meio do qual a esquerda se legitima (encarnar o povo para promover a justiça social lutando contra os privilégios). Como se trata da esquerda "alternativa", outros cenários se acrescentam: em particular, o dos ecologistas e o das feministas. A dificuldade consiste em associar esses diversos cenários na unidade de uma posição de enunciação.

10.2 • Os modos de genericidade

A relação entre cena genérica e cenografia varia em função dos gêneros de discurso envolvidos. O recurso a uma cenografia exógena é fortemente restringido pelo gênero em questão. Com base nesse fato, pode-se elaborar uma tipologia, distinguindo diversos *modos de genericidade* (Maingueneau, 2004a). Isso permite integrar as produções mais "autorais" no campo da análise do discurso, sem ignorar, no entanto, sua especificidade.

- Gêneros instituídos de modo (1): são pouco ou nada sujeitos a variação: carta comercial, relatórios de polícia, lista telefônica, documentos cartoriais, conversas entre pilotos de avião e as torres de controle... Seus produtores são praticamente intercambiáveis. Repousam sobre fórmulas e esquemas composicionais preestabelecidos sobre os quais se exerce forte controle. A cenografia endógena é, assim, imposta pela cena genérica.
- Gêneros instituídos de modo (2): trata-se de gêneros rotineiros, como os precedentes, mas para os quais os locutores devem elaborar a cada vez uma cenografia endógena singular. Basta comparar os jornais televisivos de redes distintas ou pronunciamentos presidenciais nas vésperas do Ano Novo para ver que há variações cenográficas endógenas de amplitude variável. Contudo, pode ocorrer que o locutor se distancie do esperado, que recorra a uma cenografia exógena, importando outra cena de fala. É o caso, por exemplo, da *Lettre à un provincial*, de Pascal.

- Gêneros instituídos de modo (3): neste caso, é a própria natureza do gênero que exige que a produção recorra a uma cenografia exógena. Se se sabe que certo texto é um cartaz publicitário, isso não permite prever por meio de qual cenografia ele vai ser enunciado. Para promover o mesmo produto, por exemplo, um sabão em pó, podem-se importar cenas de fala muito variadas: mostrar um cientista que explica a um colega a composição química e os efeitos do produto, duas mães de família que conversam ao telefone, dois jogadores de rúgbi que comparam no campo a limpeza de seus respectivos uniformes etc. Mas essa criatividade se exerce no interior do quadro preestabelecido pela cena genérica: normalmente, uma propaganda não põe em questão o gênero ao qual se associa. A diferença entre gêneros de modo (2) e de modo (3) pode ser exemplificada pela comparação entre uma canção que se apresenta como uma carta (por exemplo, "Le déserteur", de Boris Vian[3]) e a *Lettre à un provincial*, de Pascal. Seus respectivos autores escolheram apresentar um texto derivado de um gênero (respectivamente, a canção e o panfleto religioso) por meio de uma cenografia epistolar. Mas o autor de "Déserteur" *teve de obedecer à restrição* de inventar uma cenografia exógena (o gênero canção não a impõe), enquanto Pascal *não teve de obedecer à restrição* de se afastar das rotinas do gênero: ele teria podido se contentar com uma cenografia endógena, como o fez José Bové em sua profissão de fé.
- Gêneros instituídos de modo (4): são os gêneros aos quais o autor associa uma etiqueta ("meditação", "tratado", "confissão", "utopia", "enquete"...) que dá sentido à atividade discursiva, especificando a que título o texto deve ser recebido pelo destinatário. A etiqueta que ele escolhe não pode ser substituída por outra (uma "confissão" não é uma "fantasia", uma "enquete" não é uma "pesquisa"...). Esse gesto categorizador, que participa de um ato de posicionamento no interior de um campo discursivo, é associado a uma memória intertextual: qualquer um que, hoje, etiquetasse como "confissão" um livro autobiográfico não poderia ignorar a existência das

[3] Ou "Meu caro amigo", de Chico Buarque e Francis Hime (N. do T.).

Confissões de Rousseau, que, por sua vez, não ignorava que situava seu livro em relação a outro, no caso, *As confissões* de santo Agostinho.

Na realidade, a etiqueta assim conferida pelo autor caracteriza apenas parte da realidade comunicativa do texto que a cena genérica e a cena englobante impõem. Embora etiquetas como "newsmagazine" e "jornal televisivo" sintetizem o conjunto dos parâmetros característicos de determinado gênero de discurso e as circunstâncias do ato de comunicação que ele efetua, o termo "confissão" empregado por Rousseau (*Les Rêveries do promeneur solitaire*) não permite determinar de qual tipo de discurso o texto resulta, por qual canal ele passa, qual é seu modo de produção e de consumo, sua organização textual etc. Além disso, enquanto os gêneros publicitários, televisivos, políticos... estão ligados a certas atividades sociais com finalidades preestabelecidas, os gêneros de modo (4) não constituem atividades discursivas bem balizadas no espaço social. Um político que redige um programa eleitoral segue um raciocínio estratégico: visa produzir um efeito limitado (obter votos, fazer um projeto de lei ser aprovado etc.) e raciocina em termos de meio e de fim. Diferentemente, quando categoriza sua enunciação, o autor de textos filosóficos, religiosos, literários... define o que é para ele o exercício legítimo da cena englobante na qual se inscreve. Por exemplo, publicando "Meditações" (Descartes), uma "Fenomenologia" (Hegel) ou uma "Crítica" (Kant), o filósofo recorre a uma etiqueta indissociável da concepção que ele tem de sua filosofia.

Notaremos que esses diversos "modos de genericidade" não se sobrepõem aos recortes do discurso por esferas de atividade. O discurso literário, por exemplo, abriga gêneros resultantes de diversos modos de genericidade. A tragédia dos séculos XVII e XVIII ou os romances sentimentais das coleções Harlequim, embora derivem da esfera englobante literária, são gêneros de modo (2), no qual o conjunto de parâmetros é previamente definido.

10.3 • Os hipergêneros

Quando se concebe o gênero de discurso como um dispositivo de comunicação sócio-historicamente definido, algumas categorias que se chamam frequentemente de "gêneros" (diálogo, carta, jornal, relatório...) suscitam problemas. Elas parecem de fato independentes de um momento ou de um lugar preciso e recobrem práticas heterogêneas. Não fica clara, por exemplo, qual a consistência que poderia ter uma categoria que agrupasse o conjunto dos textos que, de Platão até o dia de hoje, foram etiquetados como "diálogos". Não estamos falando aqui das etiquetas "autorais" (nada impede um autor de categorizar como "diálogo" um texto que não apresente a forma de um diálogo), mas de textos que, por suas propriedades, *se mostram* como diálogos, isto é, se apresentam como uma alternância de turnos de fala entre pelo menos dois interlocutores.

Mas não é necessário evocar categorias muito antigas como o diálogo ou a carta. Uma prática ligada ao desenvolvimento das mídias modernas, a entrevista, recobre gêneros de discurso muito diversos.

Claro que isso não quer dizer que não haja restrições; como o sublinha C. Kerbrat-Orecchioni, a entrevista "tem como especificidade tratar de um tema preciso, ter, ao contrário das conversas normais, uma questão central, e se basear num 'contrato de seriedade'" (1990: 119). Além disso, ela se distingue das *interview* [entrevistas para tevê][4] pela "menor desigualdade entre os lugares dos participantes, sem que por isso se possa falar de igualdade" (Charaudeau, 1986: 132). No nível dos papéis básicos, ela implica um triângulo elementar: um indivíduo com alguma notoriedade é posto em relação com um público por meio de um mediador considerado participante dos dois mundos que ele deve pôr em contato: o mundo do indivíduo que ele entrevista e o mundo do público. No entanto, a despeito de algumas restrições, a entrevista recobre práticas muito diversas, gêneros de discurso diferentes. As entrevistas escritas nas quais os interlocutores não estão fisicamente na presença um do outro são submetidas a restrições completamente diferentes das que afetam as entrevistas orais. Pode até ocorrer que o mediador não seja um indivíduo, mas o nome próprio de um coletivo: por exemplo, nas entrevistas na imprensa escrita ou na internet nas quais as intervenções são atribuídas ao próprio periódico: *Carta Maior, Le Figaro...* Existem, por outro lado, entrevistas que são gêneros autônomos (por exemplo, certos programas de rádio)

---

[4] Os franceses usam este anglicismo para referir-se a entrevistas na TV, segundo informação do autor. O que importa é que um gênero não se define apenas pelo formato do "texto" e as etiquetas podem captar este fato ou não (N. do T.).

e outras que são apenas parte de um gênero autônomo: por exemplo, em uma revista, uma entrevista integrada a um dossiê de algumas páginas consagrado a um escritor, a um país, a uma época...

Para esse tipo de fenômeno, é preferível falar de *hipergênero* (Maingueneau, 1998b[5]). Um "hipergênero" não é um gênero de discurso, mas uma formatação com restrições fracas que pode recobrir gêneros muito diferentes. Alguns hipergêneros, como o diálogo, o jornal ou a carta são, antes de tudo, modos de apresentação formal, de organização dos enunciados: eles restringem frouxamente a enunciação. Outros, como o relatório ou a entrevista, são mais restritivos: um relatório de polícia e um relatório de um especialista apresentam algumas semelhanças enunciativas.

Uma das dificuldades que a noção de hipergênero levanta é que se trata de uma categoria que pode ser apreendida em diversos níveis. Pode-se considerar que a própria entrevista — distinta de *interview* — pode dominar um hipergênero de nível inferior, como, por exemplo, a entrevista literária, que recobre diversos gêneros. É também uma categoria que, muito frequentemente, não pode ser explorada sem levar em conta o setor de atividade social envolvido. Para Fairclough, a "entrevista para tevê" seria um exemplo de hipergênero que recobriria, ao mesmo tempo, a "entrevista de emprego, a entrevista de astros na TV, a entrevista política para tevê etc." (2003: 69). Ele associa, assim, entrevistas de emprego e entrevistas midiáticas. Mas pode-se recusar a inclusão no mesmo hipergênero das entrevistas nas mídias, que implicam um mediador e terceiros (leitores, ouvintes, espectadores), e as entrevistas de emprego ou as conduzidas por sociólogos em suas enquetes.

Veremos, no capítulo 14, que a noção de hipergênero se revela igualmente útil para analisar as práticas discursivas da Web.

---

[5] O hipergênero corresponde mais ou menos ao que N. Fairclough (2003: 68) chama de gêneros desencaixados ("*disembedded genres*"), "desterritorializados" que ele opõe aos gêneros que chama de "situados".

11

Enunciação presa e enunciação destacada

11.1 • A enunciação aforizante

Vimos que a categoria do gênero não abarca todas as manifestações do discurso: há interações entre dois regimes, conversacional e instituído, sendo que mesmo este último está distribuído entre diversos modos de genericidade. Mas há pelo menos uma coisa que parece estar assegurada: qualquer que seja o modo de manifestação, o discurso se realiza por meio de textos, de unidades que vão além da frase. A frase é uma abstração, um artifício de linguista: os dados linguísticos autênticos são necessariamente textos. O pressuposto é reforçado pelas correntes hoje dominantes em filosofia da linguagem, que contestam a ideia de que se possa atribuir qualquer interpretação a uma frase fora de contexto, o que equivale a contestar que possa haver um sentido literal: só são interpretáveis frases inseridas em um texto.

Aparentemente, no entanto, as frases que não pertencem a um texto são abundantes. Podem-se distinguir entre elas dois grandes tipos. De um lado, as concebidas para serem autônomas, fora de todo texto: *slogans*, adágios, provérbios, divisas, máximas etc.; de outro, as que foram destacadas de um texto: citações célebres, manchetes entre aspas nos jornais ou nos *sites* de informação etc.

A existência de tais frases constitui um argumento em favor da ideia de que haja frases sem texto? De fato, tudo depende do que compreendemos por "frases sem texto", porque, como vimos (capítulo 3), a noção de texto é ambígua: pode-se entender que se trata de uma unidade composta de frases que forma uma totalidade coerente, ou então que se trata do produto de uma atividade comunicacional (um gênero de discurso ou uma conversa). Adotada a segunda definição, nada exclui, *a priori*, que um texto possa ser constituído por uma única frase: por exemplo, se se envia um cartão postal contendo apenas a frase "lembrança de Santa Catarina". Nada exclui, além disso, que um texto seja constituído de vários textos: é o caso de uma coletânea de poemas ou de um jornal, que encerra um grande número de artigos. Quando falamos aqui de "frases sem texto", são as duas definições simultaneamente rejeitadas: trata-se de enunciados que, ao mesmo tempo, não entram nas sequências organizadas de frases e que também não são o produto de um gênero de discurso. Bem entendido, em um nível superior, esses enunciados, ainda assim, fazem parte de um texto que vem de uma conversa, ou de um gênero de discurso: uma frase entre aspas que serve de manchete para uma matéria de imprensa é um constituinte da matéria da qual ela é destacada.

Uma forma de gerir as dificuldades que a existência dessas frases "sem texto" levanta consiste em ver nelas um fenômeno marginal, que não põe em xeque o postulado segundo o qual a comunicação verbal é fundamentalmente realizada por meio de textos. Esse é o caminho que se segue normalmente, e tanto mais facilmente quanto em geral esses dados não são tratados em seu conjunto, mas estudados separadamente: existem trabalhos sobre os provérbios, outros sobre os *slogans*, outros sobre as citações etc.

De nossa parte (Maingueneau, 2012), preferimos pensar que esse fenômeno não é periférico, mas decorrente de uma dimensão constitutiva da enunciação, a saber, que ela pode funcionar segundo duas modalidades: por meio de textos ou por meio de frases sem texto, quer sejam estas autônomas por natureza, "primárias" — como o *slogan* ou o provérbio —, quer sejam "secundárias", isto é, extraídas de textos. Adotando essa perspectiva, somos levados a distinguir entre uma enunciação "textualizante", a dos gêneros de discurso ou das conversas, e uma enunciação "aforizante", a das frases sem texto.

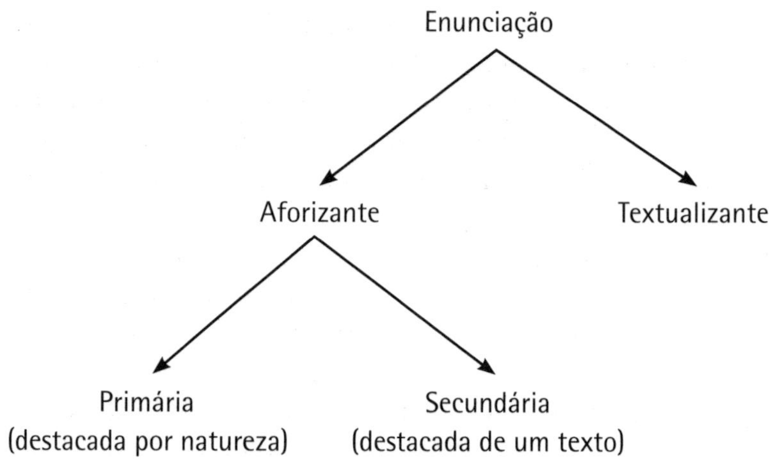

A enunciação aforizante é um recurso que a língua oferece e que tem sido explorado muito diferentemente segundo as épocas e os lugares. Em uma sociedade tradicionalmente dominada pela oralidade, ela mantém uma relação privilegiada com a experiência acumulada, com a autoridade dos antigos, com as formas sentenciosas que se gravam na memória: ditados, sentenças, provérbios. Hoje, ela prolifera nas páginas do Facebook ou nos *sites* de informação, nas camisetas, nas tatuagens, nas placas dos carros de alguns países...

O que se chama "falar" pode, assim, realizar-se por meio de dois regimes distintos, duas maneiras distintas de olhar a comunicação verbal e o Sujeito da fala. Essa divergência funciona em diversos planos:

- Todo gênero de discurso define duas posições correlatas de produção e de recepção: professor/aluno, orador/auditório, candidato/eleitores, animador/convidados/telespectadores... A enunciação aforizante, em contrapartida, institui uma cena de fala na qual não há interação entre protagonistas situados no mesmo plano. O aforizador (isto é, o enunciador de uma aforização) fala a uma espécie de auditório universal, para além do destinatário instituído por esse ou aquele gênero de discurso. Esse tipo de enunciação sem alocutário específico não deixa de evocar o dispositivo da retórica clássica, pelo qual o orador se dirigia a um destinatário que estava além de seu público imediato. Ele emitia uma fala sem réplica ao conjunto de uma comunidade unida por determinados valores. Como na aforização, essa fala enfática se dava em espetáculo a um destinatário que devia recebê-la não como um uso ordinário da linguagem, mas como um uso nobre: "O locutor cria uma cena de fala 'à parte', sem verdadeira interlocução, na qual há ao mesmo tempo dizer e representação, no sentido teatral, espetacularização exemplar desse dizer" (Grinshpun, 2008: 143).

- Fundamentalmente monologal, a aforização tem como efeito centrar a enunciação no locutor. Considera-se que é o "próprio" indivíduo que se expressa. O aforizador, precisamente na medida em que não assume um papel prescrito pelo gênero de discurso, pode assumir a altura, expressar uma convicção, uma experiência, enunciar *sua* verdade, subtrair-se à negociação.
- A enunciação textualizante permite realizar tarefas muito diversas: argumentar, contar uma história, explicar... Na aforização, o enunciado só pretende expressar o pensamento de sua fonte enunciativa: tese, proposição, afirmação...
- O aforizador não é um simples enunciador, uma instância que assume certo número de funções linguísticas, mas o que se poderia chamar um *Subjectum*: nele coincidem sujeito de enunciação e Sujeito em sentido jurídico e moral, alguém responsável pela própria fala. Etimologicamente, o Sujeito, o *Sub-jectum*, é o que está situado abaixo, o que não varia: o aforizador é alguém que pode responder pelo que diz para além da diversidade das situações de comunicação e dos momentos.

Quando se trata de uma enunciação aforizante secundária (aquela que destaca uma frase de um texto), essa amplificação da figura do enunciador se funda num paradoxo: ela se apresenta como a enunciação de uma subjetividade soberana, quando, de fato, ela só existe graças à intervenção de um agenciador invisível, de um terceiro, que converte o locutor original em uma instância — o aforizador — que, na realidade, é o produto da operação de destacamento. Luís XIV não disse "O Estado sou eu", nem Martin Luther King, "Eu tenho um sonho"; foram terceiros que destacaram estes enunciados de um texto (uma conversa, um discurso) e os fizeram entrar em circulação. A fala do aforizador deve, assim, ser *retomada* para poder ser plenamente *dita*.

Há, contudo, uma assimetria essencial entre a enunciação aforizante e a textualizante. A enunciação aforizante, embora possa ter a *pretensão* de ser uma fala autônoma, de resistir à lógica do texto e do gênero de discurso, é inevitavelmente proferida no interior de um texto: o provérbio em uma conversa, o *slogan* numa propaganda, a citação célebre como epígrafe de um ensaio etc. A aforização é, assim, assumida em uma tensão constitutiva com o conjunto textual que a acolhe.

11.2 • Enunciação destacada

As propriedades da aforização são singulares. Entretanto, elas não deixam de ter afinidades com uma problemática aparentemente muito distante, a do *autor*.

Quando se fala do "autor dos insultos", do "autor do romance" ou do "autor do artigo", designa-se com isso alguém que não é nem o enunciador, instância estritamente linguística, nem o indivíduo de carne e osso, mas uma função requerida pela existência de um enunciado: a todo enunciado se deve atribuir um autor, mesmo que se trate de uma entidade "fictícia" (uma marca, um ministério, uma assembleia...). Nesta acepção da palavra "autor", associam-se intimamente atribuição de origem (X é a causa do enunciado) e dimensão jurídica (X é responsável, ele poderá responder por isso). Não é esta acepção do nome *autor* que nos interessa aqui, mas aquela em que ele designa a fonte de uma *obra*, de um grupo de textos que exprimiriam a visão de mundo de uma consciência singular. O autor de uma obra (convirá chamá-lo de *auctor*, para distingui-lo da acepção precedente de "autor") se destaca da multidão dos locutores cujos enunciados não se inscrevem em uma memória. É a essa figura que M. Foucault consagrou em 1969 um texto célebre, "O que é um autor?", cuja problemática foi retomada em seu livro *A arqueologia do saber*:

> Na verdade, se se fala tão voluntariamente e sem questionamento da "obra" de um autor, é porque a supomos definida por certa função de expressão. Admite-se que deve haver um nível (tão profundo quanto é preciso imaginar) no qual a obra se revela, em todos os seus fragmentos, mesmo os mais minúsculos e os menos essenciais, como a expressão do pensamento, ou da experiência, ou da imaginação, ou do inconsciente do autor, ou ainda das determinações históricas a que ele estava preso (1969: 35/27).

O laço entre a obra e a aforização se estabelece facilmente. Como na aforização, a constituição de uma obra destaca textos de seu contexto de enunciação original: quando há obra, agrupamento de textos que exprimem a visão do mundo de uma consciência privilegiada, o gênero de discurso de cada um de seus textos se vê relegado a um plano de fundo. Inscrito em uma obra, um texto não é mais lido como manifestação de um gênero de discurso, mas sim como a expressão de um ponto de vista do *auctor*. "A obra" é, assim, uma categoria que apresenta a particularidade de relegar ao segundo plano o pertencimento dos textos a gêneros de discurso. Tornado parte de uma obra, um texto não é mais lido, na verdade, como a ativação de um gênero de discurso, mas como a expressão privilegiada do Sujeito privilegiado que é seu autor. Quando estão inseridas em suas "obras completas", lemos uma novela publicada em um jornal ou as cartas de Balzac não como textos de determinado gênero, mas como cartas ou uma novela *de Balzac*, textos que dão testemunho da singularidade de sua personalidade criadora. No momento em que o escritor redigiu esses textos, ativou um gênero de discurso; quando são retomados em suas obras completas, ou em alguma antologia ou manual escolar, são destacados dos lugares e dos momentos que os possibilitariam, e atribuídos a uma instância pertencente ao patrimônio literário. Seu destinatário não é mais aquele que atribuía o gênero, mas um auditório indeterminável, aberto: o público, a posteridade, a humanidade...

Assim como o aforizador, o *auctor* não pode se instituir como tal: é necessária a intervenção posterior de terceiros que destacam seus textos de seus gêneros. E, assim como há locutores que são transformados em aforizadores à própria revelia, porque se destacou de seu texto tal ou qual frase, há *auctors* que só foram instituídos como tais por terceiros. É o caso particular de numerosos autores da antiguidade, cujo nome serve principalmente para unificar um *corpus* de textos de origens obscuras.

Certamente, de um ponto de vista quantitativo, as obras são uma parte muito reduzida do que se diz numa sociedade. Mas seu papel é essencial: elas ocupam uma posição-chave no universo do discurso. Toda sociedade é dominada por um *thesaurus* de grandes obras (textos políticos, religiosos, científicos, filosóficos, literários...) relacionados a "grandes autores", "grandes homens", "grandes pensadores"...

Cada um em sua ordem, aforizador e *auctor* se libertam da restrição que obriga os locutores a produzirem uma fala relativa ao lugar em que ela é proferida, a manter-se no espaço de um gênero de discurso ou de uma conversação. O *auctor* se liberta desta restrição de alguma forma por cima, graças à conversão de seus textos em fragmentos de uma unidade superior, uma Obra, expressão de um Sujeito em majestade. O aforizador, por sua vez, se liberta de alguma forma por baixo: seus textos se desfazem em aforizações. Tanto em um quanto em outro caso, não se lida mais com verdadeiros *locutores*, inscritos em gêneros de discurso. Falas de qualidade, repetidas e repetíveis, falas subtraídas das interações e oferecidas em espetáculo, aforização e Obra não pedem nenhuma resposta de um interlocutor que estaria situado no mesmo plano, mas são destinadas ao comentário. Enunciações *destacadas*, elas se distinguem das inúmeras enunciações que se pode dizer que são *presas*, submissas à lógica do texto e do gênero de discurso. Aos simples *locutores* da enunciação "presa", podem-se opor estas *Fontes* da enunciação "destacada" que são os autores e os aforizadores.

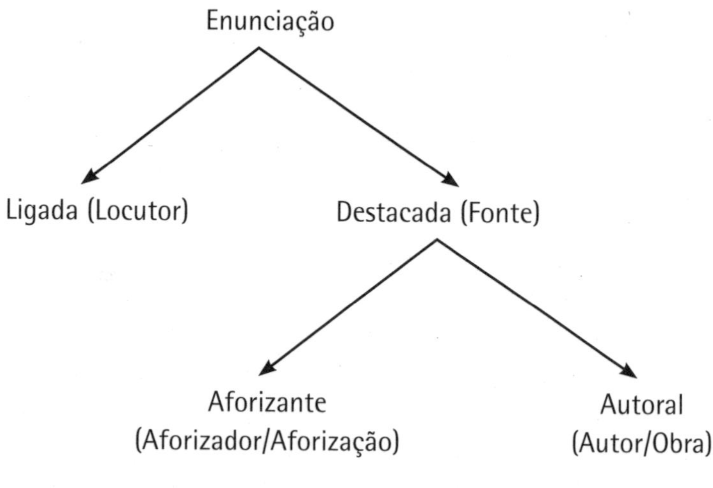

Para parecer uma fala primeira, o mais próxima possível da verdade de uma consciência, a enunciação destacada, seja fragmento de obra ou aforização, deve, paradoxalmente, ser retomada. Na enunciação destacada, o enunciado é retomado para ser levado para uma nova cena: só há aforização citada, só há obra se o texto, que já foi dito, se vir representado em uma unidade de outra ordem. Quando ela se re-presenta assim em outra cena, a fala se carrega de poder e de sentido. Nas fronteiras do texto, o aforizador e o *auctor* são, ao mesmo tempo, a sombra de um locutor e os únicos Locutores verdadeiros:

os que, plenamente Sujeitos, estão em condições de dizer as falas que importam. Atribui-se ao filósofo Auguste Comte a aforização segundo a qual "os mortos governam os vivos"; esta aforização deve ser entendida também na ordem da linguagem: as falas dos locutores mortos governam os vivos. Com a condição de não esquecer que são os vivos que destacam textos para que eles se destaquem dos enunciados comuns.

A solução mais fácil seria ver nas enunciações "presas" e nas "destacadas" duas espécies de fala localizadas no mesmo plano. Na realidade, as enunciações destacadas são falas já ditas; elas resultam de operações que lhes dão um novo estatuto, fazendo-as retornar em outra cena. Tomadas em uma tensão constitutiva com a do texto e a do gênero de discurso, o regime dessas enunciações "destacadas" complexifica o modelo usual da comunicação verbal, aquele no qual um locutor e um alocutário face a face interagem em um mesmo espaço. A linguística moderna se constituiu em torno desse modelo, que não deve ser abandonado, mas que não se aplica indiferentemente a todas as manifestações do discurso.

A enunciação destacada faz parte desses usos da fala que põem em xeque os postulados daquilo que A. Paveau chama "a norma dialógica":

> Não se trata aqui de contestar que a atividade linguageira está situada em uma interação, qualquer que seja sua forma; mas pode-se contestar ainda menos que existam discursos monológicos que põem em xeque os postulados da norma dialógica [...]. Esses discursos não constituem o lado simétrico dos discursos dialógicos: a "norma" dialógica é completamente dominante; mas existe o que eu chamaria de "zonas" monológicas, seja nas práticas verbais, seja nos momentos enunciativos nos discursos (Paveau, 2010b: 26).

12

O espaço do discurso

As distinções entre trocas conversacionais e gêneros instituídos, entre os diversos modos de genericidade e entre enunciação "presa" e enunciação "destacada" mostram um universo do discurso que não é uma superfície lisa e homogênea, mas que é estruturado pelas tensões entre diversos regimes de fala. Vamos prosseguir nessa direção, introduzindo uma nova problemática, a dos "discursos constituintes", que vai nos fazer refletir sobre a própria topografia do universo do discurso.

Analisando o discurso, recorremos constantemente a representações geometrizantes: "Unidade tópica", "campo", "esfera de atividade", "domínio", "posicionamento"... É algo inevitável e que corresponde, aliás, à maneira pela qual os atores sociais pensam e organizam localmente suas atividades. Mas, para quem quer apreender o conjunto do universo do discurso, aparecem algumas dificuldades: é possível recortar o universo do discurso em regiões (discurso político, midiático, administrativo, médico...) que seriam justapostas como em um mapa geográfico? Na verdade, pode-se duvidar que essas diversas "regiões" sejam da mesma natureza.

Esse tipo de problema raramente é levantado. Mais comumente, na verdade, os discursivistas preferem tratar do discurso de maneira muito geral, ou elaborar classificações de gêneros de discurso em uma zona delimitada: o discurso midiático, o discurso escolar, a publicidade... Eles raramente se dispõem a organizar mapas do conjunto dos gêneros e tipos de discurso. Essa hesitação é compreensível; basta ter praticado um pouco a análise do discurso para ver que as cartografias, mesmo que pouco ambiciosas, estão fadadas a se estilhaçar, tão complexas são as relações entre os tipos de discurso. Em função dos critérios escolhidos, a literatura e a publicidade, o discurso jurídico e o discurso filosófico, o discurso religioso e o discurso político etc. partilham ou não certo número de propriedades. Todo agrupamento se faz seguindo um determinado ponto de vista e se desfaz quando o ponto de vista muda.

Mas, se é inútil pretender cartografar o conjunto da produção discursiva de uma sociedade como se faz com um país ou um continente, isso não nos dispensa de nos interrogar sobre a relação que mantêm entre si os diversos tipos de discurso com o espaço. Para citar um exemplo trivial, tem-se o direito de perguntar se as categorias "discurso publicitário" e "discurso político" são da mesma ordem. Um, o discurso político, remete a uma temática determinada, em boa parte associada a lugares institucionais específicos e a um campo de confronto no qual se distinguem uma esquerda, uma direita e um centro; o outro não é ligado a uma temática particular, pois se coloca de alguma forma como suplemento do conjunto de práticas discursivas da sociedade e se insinua nos interstícios do espaço social: folhetos apanhados na rua, com fortes chances de acabar em uma cesta de lixo, *outdoors* na beira das estradas, intervalos em um programa de rádio... São duas formas muito diferentes de se inscrever "no" universo do discurso, e somos obrigados a nos interrogar sobre o que é exatamente a relação expressa por este "no". A problemática dos "discursos constituintes" (Maingueneau e Cossutta, 1995; Maingueneau, 1999) está inserida nesse tipo de questionamento, dado que esses discursos implicam uma maneira paradoxal de inscrição no universo do discurso.

12.1 • Pertencimento paradoxal

A noção de "discursos constituintes" se apoia em uma intuição banal: há, em toda sociedade, tipos de falas de autoridade, reconhecidas como capazes de dar sentido aos atos do conjunto da coletividade. Assim, quando se propõe um debate sobre um problema da sociedade, pede-se a locutores que se exprimam em nome da religião, da ciência, da filosofia..., discursos considerados últimos, além dos quais só o indizível existe. A relação não é reversível: a filosofia não apela à autoridade do jornalista para construir uma ontologia, nem o físico ao senso comum para analisar a matéria.

Esses discursos últimos, que chamamos de "constituintes", caracterizam-se em primeiro lugar pela singularidade de sua posição no universo do discurso: eles se situam em uma fronteira, a que lhes permite falar em nome de um Absoluto que, por sua vez, só pode falar através deles. Zonas de fala entre outras *e* falas que se pretendem acima de qualquer outra, discursos-limite, situados em um limite *e* que tratam do limite, tais discursos devem administrar, em sua organização textual e em seu dispositivo de enunciação, os paradoxos que seu estatuto implica: para se autorizarem a si mesmos, devem se apresentar como ligados a uma Fonte legitimadora. Eles mobilizam o que se poderia chamar, invocando um termo grego, o *archéion* da produção verbal de uma sociedade. Derivada de *arché*, "fonte", "princípio" e, a partir destes sentidos, "mandamento", "poder", o *archéion* designa a sede da autoridade, um palácio, por exemplo, um corpo de magistrados, mas também os arquivos públicos. Os discursos constituintes, de fato, associam estreitamente um trabalho de *fundação* na e por sua enunciação, a determinação de um *lugar* associado a um *corpus* de *enunciadores legitimados* e uma elaboração da *memória*.

Para exercer seu papel, os discursos constituintes só podem se inscrever na sociedade de forma paradoxal, em um impossível "pertencimento" que chamamos de *paratopia*.

A "paratopia" se manifesta em dois níveis complementares:

- no nível de cada discurso constituinte: os discursos religioso, filosófico, científico... ao mesmo tempo pertencem e não pertencem à sociedade, na medida em que se trata de discursos que se autorizam a partir de um Absoluto. Seria contraditório com a própria natureza do discurso religioso, por exemplo, dizer que ele pertence ao mundo: uma religião não pode se legitimar apenas por sua função social; ela se comunica com o além. Da mesma forma, toda vez que um governo quis converter os artistas em funcionários graduados controlados por uma burocracia, a Arte perdeu de alguma maneira sua razão de ser e viu-se aparecerem modos de expressão estética alternativos, mais ou menos clandestinos, que se diziam autênticos;
- no nível de cada produtor de texto decorrente de um discurso constituinte: para estar à altura da sua enunciação, o locutor

deve administrar uma identidade impossível por meio das formas de pertencimento/não pertencimento à sociedade. Para o cristianismo, a existência paratópica do Cristo, ao mesmo tempo homem e Deus, vem atestar que o reino de Deus excede o mundo terreno e que as falas proferidas por Jesus participam, ao mesmo tempo, do mundo humano e do mundo sobre-humano. *Mutatis mutandis*, pode-se dizer o mesmo, em Platão, da figura de Sócrates, cuja fala é, ao mesmo tempo, deste mundo e o transcende, como pretende mostrar sua morte exemplar.

Ainda não justificamos o uso do adjetivo "constituinte", cujo valor jurídico e político é claramente perceptível na expressão nominal "assembleia constituinte". Em um discurso constituinte, há *constituição* porque os dispositivos enunciativos que ele elabora legitimam, de maneira, por assim dizer, performativa, sua própria existência, mas agindo como se obtivessem tal legitimidade do Absoluto, que falaria por meio deles (o Verbo revelado, a Natureza, a Beleza, a Razão, a Lei...). O paradoxo constitutivo do funcionamento de tais discursos é, na verdade, que este Absoluto a partir do qual se autorizam é considerado exterior ao discurso, mas que este mesmo discurso deve (re)construí-lo para poder se apoiar nele: tal filosofia se legitima invocando a Razão, mas isso só é possível porque ela elabora em sua obra uma concepção de Razão apropriada a seu próprio posicionamento doutrinal.

Deve-se estabelecer uma distinção entre os discursos constituintes, realidades históricas, e o próprio princípio da *constituência*. Se se considera a imensa diversidade das sociedades através dos tempos e do espaço, não se encontrarão necessariamente categorias tais como "discurso religioso" ou "científico", mas se encontrarão inevitavelmente falas últimas de estatuto paratópico, assumidas por seres cujo pertencimento ao corpo social é problemático: xamã, feiticeiro, griô... Dado que se inscreve na História, a lista dos discursos constituintes não poderia nunca ser fechada. Pode-se pensar que a psicanálise, quando não se reduz a uma técnica terapêutica, pretende ser um discurso constituinte (Bondiaux, 2009); isto é particularmente evidente quando se considera a versão da psicanálise proposta por J. Lacan. Hibridações inéditas são sempre possíveis; pode-se perguntar, por exemplo, se, em torno da ecologia e/ou das novas tecnologias digitais, não emergirão novos discursos constituintes que vão combinar elementos do discurso religioso e do discurso científico.

Por meio das operações pelas quais esses discursos *se constituem* articulam-se a organização de textos e as instituições que eles sempre pressupõem e validam por sua enunciação. Um discurso constituinte não é, pois, um simples vetor de ideias; ele articula, por meio de seus dispositivos enunciativos, textualidade e espaço institucional. Ele legitima a instituição que o torna possível. A filosofia alemã do século XIX, por exemplo, é uma filosofia fundamentalmente universitária; isso não significa que ela seja praticada apenas na universidade, mas também que as doutrinas filosóficas devem legitimar em seus próprios textos o fato de elas serem produzidas *nesse* espaço universitário particular, o seu; em outras palavras, que *esta* universidade da qual eles participam seja um lugar filosófico. O artista prototípico do século XIX é um boêmio, e este boêmio deve se inscrever na maneira pela qual as obras encenam o que as torna possíveis: o artista é maldito, rejeitado por uma sociedade "burguesa" incapaz de "ideal".

A pretensão dos textos constituintes a configurarem autoridade se defronta, contudo, com um obstáculo irredutível: a existência de outros pretendentes. Porque cada discurso constituinte implica um campo, no qual há concorrência entre diversos posicionamentos (doutrinas, escolas, movimentos...), mas também porque os próprios discursos constituintes são múltiplos. É assim que, no Ocidente, discurso filosófico e discurso religioso lutaram durante muito tempo para determinar qual deles tinha o direito de ocupar a posição soberana. Tal pretensão foi contestada pelos defensores da superioridade do discurso científico, que não cessaram de conjurar a ameaça do religioso (daí o papel emblemático do processo de Galileu), ou o da filosofia, quando ela manifesta qualquer pretensão de hegemonia.

Os discursos constituintes implicam também uma tríplice fronteira: com uma transcendência, para além do universo do discurso; com outros discursos constituintes; com os discursos não constituintes. Cada posicionamento se caracteriza pela maneira pela qual administra essa tríplice fronteira.

12.2 • A hierarquia dos gêneros

Um discurso constituinte não é uma zona de produção discursiva homogênea. Na verdade, ele se estrutura como uma rede hierarquizada de gêneros de discurso. Certo número de textos produzidos por *auctors* de prestígio considerável ocupa a posição mais elevada, mais perto do Absoluto (Deus, o Belo, a Natureza...) pertinente para o tipo de discurso considerado. Pode-se chamá-los de *arquitextos*: por exemplo, a *Ética* de Spinoza ou a *República* de Platão para a filosofia, os Evangelhos para o discurso cristão, a *Odisseia* ou *Em busca do tempo perdido* para o discurso literário... Uma hierarquia se instaura entre estes textos "primeiros" e os que os comentam, resumem, explicam.

Tal hierarquia, entretanto, não tem nada de fixo. Certos textos "segundos" podem, por sua vez, se tornarem arquitextos: é o caso de um autor cristão como santo Agostinho ou das Epístolas de são Paulo, que, por sinal, figuram na Bíblia cristã e são lidas nos ofícios religiosos. O estabelecimento do cânon dos arquitextos legítimos é objeto de debates incessantes entre posicionamentos, cada um procurando impor seus próprios arquitextos e a interpretação que julga ortodoxa.

Dado que os discursos constituintes são de fato redes de gêneros de discurso hierarquizados, seu estudo não pode se reduzir ao estudo de alguns textos ou a tipos de textos privilegiados (as produções teológicas para teólogos, os artigos científicos para pesquisadores cientistas...). A grande filosofia, a alta teologia, a ciência fundamental... são sempre dubladas por gêneros considerados menos nobres, mas que são parte integrante dos discursos constituintes: manuais escolares, sermões dominicais, revistas de divulgação científica, reportagens na imprensa... Apreendendo dessa forma o conjunto da hierarquia, nos opomos à doxa que opõe os criadores a esses parasitas que seriam os críticos para os escritores, os divulgadores para os cientistas, os padres para os profetas etc. O discurso científico não poderia existir sem os manuais e todo o sistema de validação e de transmissão dos conhecimentos que eles implicam. É em um mesmo movimento que se instauram o texto a ser interpretado e as práticas discursivas de explicação e de comentário que lhe são associadas. Seguramente, no discurso religioso, o texto sagrado precede logicamente seus comentários, mas o texto não pode ser instituído como sagrado (e consequentemente moldado) a não ser que seja comentado... As falas do Cristo parecem tanto mais incomensuráveis quanto mais uma infinidade de comentários se esforça para torná-las claras. Um texto que não fosse mais objeto de interpretação deixaria de ser enigmático.

Cada discurso constituinte tem, contudo, sua maneira específica de administrar a hierarquia das práticas discursivas que o estruturam. No caso das ciências ditas “duras”, a hierarquia passa, sobretudo, por uma distinção entre os textos derivados de gêneros “fechados” escritos por especialistas em uma disciplina para especialistas nessa mesma disciplina (nesse caso, os leitores são escritores potenciais de textos do mesmo gênero), e os gêneros de divulgação destinados a um público não especialista. Aqui a noção de arquitexto só tem uma pertinência fraca: certamente, admiram-se as publicações de Einstein, mas também devemos nos esforçar para contestar sua teoria, para fazer progredir a física teórica. Diferentemente, toda a verdadeira filosofia é necessariamente um percurso do pensamento dos grandes filósofos do passado que, mesmo se criticados fortemente, não podem ser verdadeiramente “ultrapassados”.

12.3 • A atopia

Com base no exposto, poderíamos nos ver tentados a dividir em dois o universo do discurso: de um lado, a paratopia dos discursos constituintes, de outro, os discursos não constituintes, que pertenceriam plenamente à sociedade. Mas, de fato, o caráter problemático do pertencimento ao universo do discurso não é monopólio dos discursos constituintes.

Consideremos o caso do discurso pornográfico. Ele se caracteriza por uma dupla impossibilidade: é impossível ele não existir; é impossível ele existir. O primeiro impossível é da ordem do fato: diante do que é uma sociedade, é inescapável que produções desse tipo surjam. O segundo impossível, por outro lado, é da ordem da norma: se a pornografia tivesse pleno direito de cidadania, se pudesse circular sem a menor restrição, então não haveria sociedade possível[1]. Essa tensão constitutiva se resolve por um compromisso que mostra bem a ambiguidade do verbo “existir”: certamente, a produção pornográfica existe, no sentido de que é maciçamente atestada, mas ela não existe plenamente, no sentido de que é clandestina, nômade, parasita, escondida... De fato, os textos pornográficos ocupam as prateleiras reservadas das bibliotecas públicas ou se escondem nos desvãos das casas de seus consumidores, os fabricantes de computadores propõem

---

[1] Esta afirmação não implica que o que entendemos comumente por “pornografia” hoje em nossas sociedades seja eternamente destinada à clandestinidade. Não somente porque se constata que certos conteúdos outrora considerados pornográficos deixam de sê-lo, mas também porque é possível que no futuro a posição “atópica” que a pornografia ocupa seja atribuída a outros conteúdos.

um "controle parental", os comerciantes garantem uma embalagem discreta para suas remessas, as revistas de TV podem se dispensar de detalhar o programa dos canais X, veiculados em horário bem tardio. Compreende-se que a pornografia prospere na Web, que, por natureza, desafia os regimes usuais de territorialidade: as produções pornográficas não são mais objetos escondidos no fundo de algum armário, são realidades imateriais disponíveis em número infinito, a uma distância indeterminável de cada internauta, em *sites* especializados que podem ser acessados e dos quais se pode sair com um clique. Eles estão sempre lá, mas invisíveis, eles não deixam pegadas.

Podemos falar de discursos atópicos (Maingueneau, 2007) para práticas desse tipo, que se insinuam nos interstícios do espaço social. A pornografia divide essa atopia com outras práticas discursivas, que variam segundo as sociedades: palavrões, canções maliciosas, ritos de feitiçaria, missas negras etc. São outras práticas reservadas a espaços sociais muito restritos ou a momentos muito particulares.

Assim, como os discursos constituintes, a produção pornográfica atua na fronteira do espaço social. Mas não se trata da mesma fronteira: os discursos paratópicos não só têm "direito de cidadania", mas ainda dizem o direito da cidade a ser uma cidade. Um Sócrates pode ser levado à morte, Galileu, condenado, os artistas podem ser malditos, mas os discursos que definem a Sabedoria, a Verdade, a Justiça, a Beleza... carregam os valores da sociedade. Em compensação, a produção pornográfica é apenas tolerada.

Esse não pertencimento à "topia" partilhado, em modalidades diferentes, pelos discursos paratópicos e pelos discursos atópicos permite construir pontes entre eles. Se tantos escritores se dedicaram fugazmente à escrita pornográfica, pelo menos no Ocidente, isso não se deve apenas a razões financeiras, mas é porque literatura e pornografia se comunicam em profundidade. Uma e outra são discursos que atuam nas fronteiras; certamente, uma é "paratópica" e a outra, "atópica", mas ambas só existem em uma localização paradoxal.

12.4 • Outros problemas

A tripartição entre paratopia, atopia e topia não é suficiente. Outros tipos de discursos se caracterizam por um modo de pertencimento problemático ao universo do discurso.

Poderíamos, por exemplo, evocar o caso do discurso político. Suas semelhanças com os discursos constituintes são muito evidentes, e não somente porque os atores políticos mais engajados legitimam sua identidade e sua atividade de uma forma que não deixa de fazer pensar nos discursos constituintes: eles se dão uma "missão", eles estão a serviço de seus concidadãos, eventualmente da humanidade etc. Do ponto de vista de sua estrutura e de seu funcionamento, o discurso político partilha de fato numerosas propriedades com os discursos constituintes: competição acirrada entre posicionamentos para deter o monopólio da autoridade enunciativa, referência a textos ou a gestos fundadores, inscrição em uma memória que é objeto de debates e de reavaliações incessantes, tensão entre comunidades de especialistas, de profissionais da política e um público amplo, ao mesmo tempo, o destinatário e a caução do conjunto do discurso (considera-se que o ator político fala em nome do povo). Além disso, como os discursos constituintes, o discurso político pretende ter um alcance global, mas só pode ser elaborado em grupos restritos.

Diferentemente, porém, dos discursos constituintes, o discurso político não pode legitimar-se a si mesmo: ele deve se apoiar nos discursos constituintes para fundamentar sua autoridade. Os posicionamentos políticos devem combinar em proporções variáveis a referência a diversos discursos constituintes. Alguns, em particular os de inspiração tecnocrática, recorrem à autoridade do discurso científico, em geral, a economia. Outros se apoiam maciçamente no discurso religioso: no mundo contemporâneo, podem ser citadas aqui as correntes islâmicas. Mas o componente religioso não está ausente de numerosos outros países, como os Estados Unidos. Na França, os posicionamentos políticos, como regra geral, se apoiam maciçamente em referências filosóficas "republicanas" herdadas do século das Luzes.

Pode-se mesmo acentuar a divergência entre discursos constituintes e discursos políticos, observando que eles são assumidos numa luta pelo domínio. A condenação à morte de Cristo ou de Sócrates, o esforço dos regimes totalitários do século XX para submeter a suas exigências a arte, a ciência ou a filosofia têm, nesse sentido, valor emblemático. Eles nos lembram que a tensão é irredutível: a política, certamente, invoca a caução dos discursos constituintes, mas ela pode também dominá-los, dado que dispõe de poder.

Ao lado do discurso político, mas por razões bem diferentes, outros tipos de discurso apresentam um modo de pertencimento problemático. Basta pensar nas mídias e na internet, que são estreitamente ligadas.

Fala-se sem cessar do "discurso midiático" e de seus gêneros, como se falaria do discurso escolar, do discurso comunista ou do discurso administrativo. Mas é claro que a noção de "discurso" aplicada às mídias assume inevitavelmente um contorno particular. Certamente, existem gêneros específicos de discurso de um ou outro campo de atividade midiática (o rádio, a revista impressa, a televisão...), mas o caráter específico do midiático é atuar *entre* todos os discursos. Como situar em uma zona do universo discursivo o que não cessa de atravessá-lo? As mídias são, ao mesmo tempo, uma zona entre o conjunto das áreas de produção discursiva de uma sociedade e um conjunto de lugares nos quais todos os discursos vêm se refletir, inclusive as próprias mídias, que cada vez mais entram em cena. Mesmo os discursos constituintes, que se legitimam por uma relação com o além de todo o discurso, estão presos em sua rede: como falar de um escritor ou de um filósofo "reconhecidos" sem levar em conta o processo do "reconhecimento" e, portanto, o papel da mídia? Isso é ainda mais evidente no caso do discurso político, em grande parte inseparável de suas formas de presença nas mídias, que lhe impõem sua formatação.

Em uma ordem muito diferente, a internet também suscita problemas terríveis de inscrição no espaço do discurso. Podem-se sempre localizar fisicamente os servidores conectados na superfície do globo, mas a internet, de um ponto de vista comunicacional, funciona como um espaço desancorado que confunde as cartografias tradicionais. Estamos diante de um mundo "virtual" de limites impensáveis, um mundo in-localizável, mas acessível de qualquer lugar, que absorve uma parte crescente das atividades discursivas e se infiltra progressivamente em todas. A Web transforma em profundidade o que se pode entender por "universo do discurso". Cada vez mais, este último aparece não como a interpenetração cada vez mais profunda de *dois* universos de discurso, mas como *um* universo atravessado por uma falha constitutiva entre dois constituintes assimétricos cujas relações evoluem sem cessar e que são indissociáveis, sem serem complementares. Pensar esta duplicidade, elaborar os conceitos e os métodos pertinentes para estudá-la é um dos desafios a que os estudos de discurso deverão dar relevo, como, aliás, deverão fazê-lo as ciências humanas e sociais.

13

O discurso e seus traços

SEM DIZÊ-LO explicitamente, até aqui abordamos o universo do discurso como um espaço no qual se *produz* discurso. Em múltiplas retomadas, no entanto, o discurso apareceu sob uma luz diferente: como *traços* de enunciações que já tinham ocorrido e que foram conservados. De fato, o universo do discurso é atravessado por uma fissura irredutível: a cada momento, ele se apresenta como a interação multiforme do dizer e do já dito.

13.1 • Dois tipos de traços

Pode-se considerar que toda retomada de enunciações anteriores sob forma de citação é um traço dessas enunciações. Pode-se igualmente, em um nível mais especulativo, lembrar que, no discurso, se enlaçam permanentemente construído e pré-construído, como o puseram em evidência autores como M. Pêcheux ou, em um quadro teórico bastante diferente, M. Bakhtin, com sua problemática do "dialogismo[1]". Mas a noção de traço, tal como a entendemos aqui, é mais restritiva; ela se limita aos enunciados que se conservam, que se convertem em objetos aptos a circular e passíveis de ser submetidos a diversos processamentos.

---

[1] Sobre a relação entre Pêcheux e Bakhtin, ver Authier-Revuz (1982) ou Paveau (2010a).

Tal concepção do traço corresponde de maneira prototípica aos arquivos escritos — manuscritos ou impressos — que enchem as bibliotecas. Mas mesmo as sociedades sem escrita dispõem de um estoque de traços conservados na memória: aforizações sentenciosas (especialmente provérbios e máximas) ou textos completos, derivados de diversos gêneros de discurso (mitos, contos, poemas, cantos, orações, encantamentos...). Neste caso, a conservação passa por formatações específicas, em particular formas poéticas, destinadas a facilitar a estabilização e a circulação dos enunciados. A isso se juntam eventualmente técnicas de memorização reservadas a alguns membros do grupo (por exemplo, famílias ou comunidades especializadas na recitação de determinados tipos de textos).

Em uma sociedade que dispõe de outras técnicas de conservação e de transmissão, além da simples memória, os traços pertencem a dois conjuntos distintos. Há, de um lado, enunciados originalmente escritos — ou, mais recentemente, filmados — que acabaram por ser efetivamente conservados: correspondência privada em um armário, fitas magnéticas, textos de lei nas estantes de um órgão administrativo... De outro lado, há traços que resultam da passagem de um *medium* a outro. Durante milênios, o paradigma foi a passagem do oral para o escrito. As modalidades dessas transposições variam, sobretudo, em função da tecnologia que permite fixar o enunciado. Elas variam igualmente em função das normas implícitas que, para uma prática considerada, regem a transposição. Durante muito tempo, quando um cronista ou um historiador transcreviam as resoluções de personagens importantes, faziam isso reconstruindo-as conforme modelos retóricos, e não tentando citar fielmente as falas efetivamente pronunciadas. Com o desenvolvimento, a partir do século XIX, de técnicas de gravação do oral e da imagem animada, a noção de "fidelidade" adquiriu um sentido muito diferente, e aumentou em proporções gigantescas a quantidade de traços em áudio ou em audiovisuais. Atualmente, qualquer um pode, a qualquer momento, gravar sons ou filmar vídeos, mesmo que disponha apenas de um simples telefone celular.

O analista do discurso, como o historiador, não pode se contentar em descrever os procedimentos que permitiram que chegasse até ele, pelas necessidades de sua pesquisa, um ou outro tipo de traços. Ele precisa considerar igualmente aquilo que, numa configuração sócio-histórica determinada, torna esses traços possíveis: técnicas, seguramente, mas também lugares institucionais, grupos, crenças, projetos políticos... As práticas de conservação, na verdade, se apoiam frequentemente na decisão de um governo, que define uma política de constituição e de gestão dos arquivos, mas também na ação de diversas instituições possivelmente interessadas em conservar alguns tipos de documentos: um mosteiro, uma empresa, uma família... Essa atividade tem também seu avesso: pode-se decidir quais traços devem ser apagados; foi assim que o bispo espanhol Diego de Landa ordenou, em 1562, que os códigos maias fossem destruídos. Mas também podemos destruir para abrir espaço; instâncias administrativas, aliás, decidem, às vezes, por quanto tempo se deve conservar algum tipo de documento, e, portanto, quando se pode fazê-lo desaparecer. A destruição deve ser distinguida do esquecimento, do abandono, que não destrói, mas impede, de certa maneira, o acesso aos traços (os documentos esquecidos numa mala no porão), abrindo caminho para um desaparecimento mais ou menos rápido ou para uma eventual reatualização, em novas práticas.

Para M. Foucault, deve-se, assim, poder estabelecer:

> o conjunto das regras que, em uma época dada e para uma sociedade determinada, definem:
>
> - os limites e as formas da *conservação*: quais são os enunciados destinados a passar sem vestígio? Quais são destinados, ao contrário, a entrar na memória dos homens (pela recitação ritual, a pedagogia e o ensino, a distração ou a festa, a publicidade)? Quais são anotados para poderem ser reutilizados, e para quais finalidades? Quais são postos em circulação e em quais grupos? Quais são reprimidos e censurados? [...]
> - os limites e as formas de *reativação*: entre os discursos das épocas anteriores ou das culturas estrangeiras, quais são os que retemos, que valorizamos, que importamos, que tentamos reconstituir? O que fazemos deles, que transformações os fazermos sofrer (comentários, exegese, análise), qual sistema de apreciação lhes aplicamos, qual o papel que os deixamos desempenhar? (1068/2001: 709/710/10).

13.2 • A memorabilidade

A "memorabilidade", o fato de que, em um momento e em um lugar dados, um enunciado possa tornar-se traço, não é um fenômeno exterior à enunciação; ela é tomada em uma relação constitutiva com seu próprio se-tornar-traço. O próprio fato de não pretender tornar-se traço também é uma relação com o traço.

Deste ponto de vista, a conversação ordinária pode ser caracterizada como uma atividade discursiva sem pretensão de ser conservada. Se for objeto de conservação, é de certa forma por um golpe de sorte. Mas esse princípio geral convive com muitas exceções, dado que há quem se interesse em gravar algumas. Não faltam famílias em que os parentes filmam piedosamente as primeiras falas das crianças, a imprensa especializada em celebridades se alimenta de gravações de falas (pretensamente) roubadas, um político deve saber que suas declarações podem ser gravadas contra sua vontade. De maneira mais ampla, com a disponibilidade das técnicas de gravação acessíveis a um público amplo, a determinação da fronteira entre o público e o privado se tornou indiscernível. Hoje, qualquer fala, mesmo uma conversa privada, pode ser gravada e surgir nos *sites* de compartilhamento de vídeos.

Nesse sentido, estudei (Maingueneau, 2011) o percurso de uma pequena frase atribuída a N. Sarkozy ("Zapatero não é muito inteligente"), que, em determinado momento, suscitou alguma turbulência nos planos nacional e internacional. Ela teria sido dita durante um almoço oferecido a parlamentares[2]. N. Sarkozy, sem dúvida, falou com relativa liberdade porque classificava espontaneamente essa situação de comunicação como uma conversa privada, eventualmente amigável, sem jornalistas nem gravadores ligados. Mas, na saída do almoço, dois jornalistas do *Libération* entrevistaram convidados e, a partir disso, fabricaram uma matéria: "Sarkozy pensa que é dono do mundo" (16/04/2009), na qual a declaração criticada aparecia na forma de citação em discurso direto. Foi esse traço impresso que circulou, alimentando outros gêneros de textos, particularmente despachos de agências de notícias. A máquina midiática, sempre afiada em relação ao que pode ser acontecimento, extraiu um fragmento da citação do *Libération* para convertê-lo em pequena frase, que se difundiu instantaneamente. Assim, temos que levar em conta uma cadeia de operações, na qual intervém vários atores que, a cada etapa, têm uma relação específica com o traço.

---

[2] O almoço em questão ocorreu no dia 15 de abril de 2009. Como tentei mostrar, esta "pequena frase" é inseparável da trama enunciativa da qual faz parte e não pode ser atribuída, nessa versão, a N. Sarkozy.

Existem, em compensação, atividades discursivas, como, por exemplo, as das atas notariais ou as dos textos legislativos, concebidas, em cada detalhe, para serem conservadas e reempregadas por profissionais, especialmente para que eles possam redigir outros textos: certificados, escrituras de venda, petições... Hoje, os políticos fazem seus pronunciamentos sabendo que suas declarações serão gravadas, recortadas, postas em circulação e comentadas pelos jornalistas. Isto condiciona a própria maneira pela qual o texto é redigido: os assessores de imprensa se organizam para destacar os enunciados que querem ver recortados pelas mídias.

Em um domínio completamente diferente, não se pode caracterizar a literatura sem levar em conta o fato de que ela pretende ser duradoura. Mas esta "durabilidade" assume, no caso, formas historicamente muito variáveis. Não por acaso se dispõe de muito poucos manuscritos de escritores do século XVII: a estética então dominante não valorizava os escritos desse tipo, que eram destruídos. Em compensação, os manuscritos de escritores dos séculos XIX e XX são abundantes; os criadores dessa época e, depois de sua morte, seu círculo íntimo trataram os rascunhos com um respeito que se explica pela concepção que se fazia da arte e dos artistas: a partir do século XIX, a estética, de fato, sacralizou o gesto criador, a gênese, e, consequentemente, os rascunhos.

Evoquemos rapidamente um exemplo, tomado de um mundo muito diferente do nosso. Trata-se de alguns textos que figuram em lugar de destaque nas obras de Pascal. No volume dos *Pensées et opuscules*[3], editado por L. Brunschvicg, esses textos curtos são apresentados com o título de "Extraits des lettres à Mlle de Roannez" e estão dispostos em ordem cronológica, cada um deles precedido de uma data ("setembro de 1656" para a I, "domingo, 24 de setembro de 1656" para a II etc.). Esse modo de apresentação dá ao leitor a sensação de estar lendo parte da correspondência de Pascal. Se se considera, agora, as *Œuvres complètes de Blaise Pascal* publicadas a partir de 1904 por L. Brunschvicg, P. Boutroux e A. Gazier (Hachette), esses textos figuram não entre as "cartas", mas entre os "opúsculos". Essas flutuações podem ser compreendidas ao se considerar o percurso que as cartas seguiram antes de figurar nas obras de Pascal. Não se

[3] Paris: Hachette, 1897, p. 209ss.

dispõe do original. Alguém, em torno de 1730, recopiou papéis que se encontravam nos arquivos da família da irmã de Pascal. Repartiu a correspondência de Pascal em diversas coletâneas; os textos que nos interessam se encontram aí não na forma de cartas, mas de extratos organizados em uma ordem não cronológica. A hipótese mais verossímil é que o destinatário dessas cartas permitiu que se copiassem as passagens mais importantes.

Vê-se que há aqui determinado número de operações sobre os traços. A primeira é a de seu destinatário, que tomou a decisão de conservar cuidadosamente as cartas, o que implica que se pensava que havia algum interesse em fazê-lo. Aliás, em seguida, os originais foram destruídos pela destinatária, Charlotte de Roannez, pouco antes de sua morte, em 1683, a pedido de seu marido. É um sinal de que havia um problema em conservá-las. Outra decisão foi a de transferir as cartas a outras pessoas, depois da morte de Pascal (1662). Outra, ainda, foi a de copiar alguns de seus fragmentos, aparentemente julgados mais memoráveis que o restante das cartas, numa coletânea que contém outros traços dos arquivos da família de Pascal. Esse recorte de extratos por terceiros transformou o estatuto desses textos: a partir de então, não se trata mais de correspondência, mas de fragmentos descontextualizados e reordenados; entra-se, assim, na lógica dos "pensamentos" sobre determinado assunto, e passa-se a tratar Pascal como uma autoridade cujos pensamentos devem ser piedosamente coligidos para fins de ensino religioso. Isto só foi possível porque os que se ocuparam disso agiram no interior de um quadro que lhes era familiar: na época, deviam-se coletar os pensamentos daqueles cuja vida fora edificante. No século XIX, os que editaram Pascal como grande autor do patrimônio literário francês decidiram extrair da coletânea de 1730 as passagens que lhe eram atribuídas, para publicá-las nas "obras completas". Seguindo nisso a lógica da enunciação que chamamos "destacada" (capítulo 11), eles, assim, relegaram ao segundo plano o fato de que se tratava de uma correspondência, e recategorizaram os fragmentos para fazer deles "opúsculos", isto é, um gênero de texto característico de um pensador.

Pode-se ir ainda mais longe, inscrevendo a "memorabilidade" do texto de Pascal desde sua redação. De fato, pode-se considerar que o que aconteceu a estas cartas aos Roannez — o recorte de algumas passagens para fins de edificação religiosa — estava virtualmente presente nas próprias condições de sua produção. Escrevendo cartas de teor fortemente teológico a amigos aristocratas nada especializados nesse domínio, Pascal se adequava a uma prática discursiva rotineira na comunidade jansenista, na qual havia um esforço para escrever textos edificantes que fossem dignos de ser conservados e meditados, textos capazes de confortar a fé de seu autor e a de outros membros do grupo.

Assim, no mundo no interior do qual Pascal escreve suas cartas edificantes, como naquele em que certas declarações de N. Sarkozy à mesa são convertidas em pequenas frases, por razões diferentes, a conversão de enunciados em traços, mesmo se contingente, implica uma série de operações e de condições de processamento do discurso constitutivas de determinada configuração histórica.

13.3 • Um arquivamento generalizado

Assistimos hoje a uma transformação profunda da relação com os traços. Anteriormente, quando o manuscrito e, depois, o impresso reinavam quase sem competição, os traços podiam — pelo menos imaginariamente — ser encerrados no espaço das bibliotecas. Basta pensar nas produções da Web para que a própria ideia de uma totalização dos traços em um mesmo espaço perca todo sentido. Não apenas porque a Web desafia, por natureza, qualquer cartografia, mas também porque os *sites* se transformam sem cessar, porque qualquer "captura" da tela retém apenas uma transição fugaz. O problema maior, desde então, não é multiplicar as estantes e melhorar a classificação dos arquivos, mas determinar o que é preciso conservar, definir critérios de seleção pertinentes para usos futuros cuja natureza exata é difícil de conceber.

Independentemente dos problemas específicos suscitados pela Web, com a multiplicação dos instrumentos de gravação, o crescimento da capacidade de memória dos computadores e o acesso aos arquivos de atividades semióticas que lhe escapavam ou que não existiam (gravação de solicitações nos motores de busca, dos SMS, dos *e-mails* etc.), vê-se crescer de maneira praticamente incontrolável o campo do arquivável. De fato, aos traços "explícitos", os documentos *online*, se juntam os traços "implícitos" destacados sem o conhecimento dos internautas, as "marcas deixadas pelo usuário de uma aplicação informática, testemunhando um contato havido com esta aplicação programada na inscrição" (Ertzscheid, Gallezot e Simonnot, 2013: 55). O desenvolvimento de bases de dados constituídas a partir das atividades dos usuários da Web é indissociável do papel de companhias globais como o Facebook ou o Google. Estas extraem sua riqueza da gestão desses traços, que podem ser submetidos a uma multiplicidade de processamentos, em função dos objetivos de quem os explora. As bases de dados tornam-se assim um desafio essencial, que interesses estatais e privados disputam. Presa em um paradoxo constitutivo,

> a internet é um dispositivo que, pela rapidez que proporciona, aproxima as comunicações da oralidade, mas, ao mesmo tempo, suas aplicações permitem inscrever de maneira mais ou menos perene o traço de suas interações nas memórias informáticas (Ertzscheid, Gallezot e Simonnot, 2013: 56).

As próprias pessoas comuns, sem sua vida cotidiana, são obrigadas a um trabalho de arquivamento e de triagem permanente. As mensagens, os arquivos se acumulam nas memórias digitais: utilizar um *smartphone* ou um computador significa fazer constantemente escolhas em matéria de conservação dos dados gravados na memória, gerir estoques. Com os *pen-drives*, os HDs externos e as *clouds*, a triagem exige uma atividade de duplicação ilimitada que amplia incessantemente o campo dos traços dos quais o indivíduo é o senhor incerto.

O trabalho de arquivamento se estende aos acontecimentos da vida privada: acontecimentos marcantes (casamento, aniversário, Natal...) ou rotinas da vida cotidiana, tudo é passível, a todo instante, de ser captado por câmeras ou por registros audiovisuais. Os indivíduos agem e põem em cena simultaneamente suas falas e seus gestos, com vistas a reagenciamentos e relatos ulteriores. O menor computador de montagem de vídeos permite fazer de qualquer pessoa alguém que realiza um processamento dos traços.

Em seu nível, os estudos de discurso também contribuem para criar traços, pelo simples fato de que convertem enunciações em *corpus*, traços formatados com vistas a uma pesquisa de certo tipo. Essa conversão pode se apoiar em documentos escritos ou em vídeos previamente existentes, mas pode também ser um trabalho do pesquisador, que grava dados — à revelia ou com o consentimento dos locutores[4] — ou que suscita sua produção: respostas a um questionário, entrevistas, testes... Essas pesquisas, por sua vez, deixam traços, que são outras tantas fontes para outros pesquisadores que gostariam de estudar, por exemplo, a maneira pela qual se constroem dados em ciências humanas e sociais ou se interessam pela história da análise do discurso.

Trabalhar sobre o discurso é fazer a experiência das relações inextricáveis entre traço, ética e poder. Conservar o traço de uma enunciação nunca será um ato neutro. No *Fedro* de Platão, Sócrates critica a escrita que permite a uma fala circular incontrolavelmente: "Uma vez escrito, um discurso roda por todos os lados, nas mãos dos que o compreendem e nas daqueles para os quais não foi feito, e ele não sabe mesmo a quem deve falar, com quem deve se calar. Desprezado ou atacado injustamente, ele tem sempre necessidade de que seu pai venha em seu socorro; porque não pode nem resistir nem socorrer a si próprio" (275e). Com a escrita, a fala pode, de fato, se dirigir a destinatários para os quais ela não foi concebida: é da natureza do traço escapar, poder ser submetido a interpretações e a processamentos que sua fonte não pode controlar. O locutor gravado pelo pesquisador em ciências sociais, os institutos de pesquisa ou os *call centers*, o profissional da política cuja conversa é gravada num telefone celular, o internauta cujos cliques são arquivados por um servidor, a rede social que conserva de maneira ilimitada os conteúdos publicados na internet por seus membros, os serviços de espionagem que captam conversas telefônicas ou mensagens eletrônicas, ou simplesmente os metadados... são práticas que propiciam inevitavelmente debates de ordem ética. O domínio dos traços deixados pela fala é um extraordinário instrumento de poder: quer se trate do simples chantagista que tem uma carta ou um vídeo comprometedor, ou da companhia que tem acesso aos documentos confidenciais de seus concorrentes, ou da polícia que constrói uma base de dados, ou do operador que constrói perfis de internautas a partir de seus pedidos...

---

4 O desenvolvimento da Web levou ao paroxismo problemas éticos ligados à pesquisa. Sobre este ponto, ver Latzko-Toth e Proulx (2013).

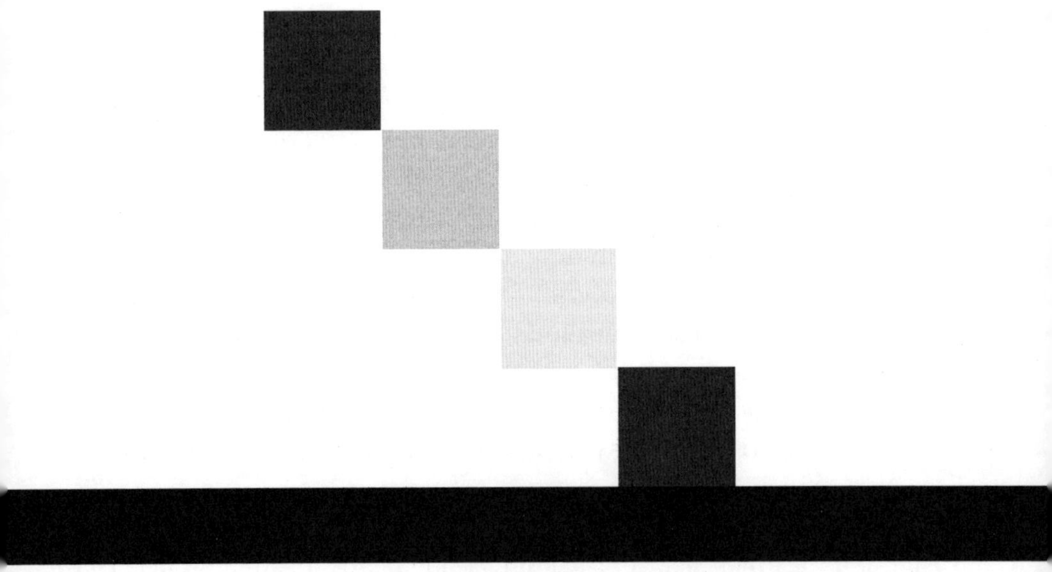

14 Novas textualidades

A análise do discurso emergiu e se difundiu a partir dos anos 1960 em um mundo ainda estruturado pela dualidade oral/escrito: o subtítulo da principal revista nesse campo, *Discourse Studies*[1], apresenta-se significativamente como uma revista internacional "*for the study of text and talk*", expressão que repousa implicitamente sobre essa dualidade. O desenvolvimento, no final do século XX, das novas tecnologias da comunicação fez aparecerem novas práticas, específicas do universo digital, mas também modificou profundamente as modalidades tradicionais de exercício do discurso. Os analistas do discurso são agora levados a se interrogarem sobre a pertinência das categorias que utilizam, a se perguntarem se elas ainda estão à altura dessa nova distribuição das cartas em jogo.

14.1 • A multimodalidade

A primeira evidência que se impõe é que uma parte sempre crescente da comunicação é "multimodal", isto é, mobiliza simultaneamente diversos canais.

O discurso oral já é multimodal por natureza, visto que a comunicação ativa simultaneamente a produção de um fluxo sonoro e a de

[1] Publicada desde 1999 pela editora Sage e dirigida por T. van Dijk.

movimentos corporais associados. A comunicação verbal é um todo expressivo que associa gestos e signos linguísticos, o que incita os pesquisadores a proporem modelos de produção da linguagem em que cognição verbal e cognição espacial trabalhem juntas. O problema, então, é saber quais são as relações entre esses dois modos, sendo claro que a gestualidade não se contenta em ilustrar o que a fala diz: cada uma delas mantém relações de complementaridade com a outra, em função do tipo de atividade verbal exercida (descrição, explicação, narração...) e da atitude do locutor em relação a sua própria enunciação e à do outro. Esse tipo de fenômenos não tem nada de novo; eles foram estudados desde o começo das pesquisas sobre o discurso, particularmente nos Estados Unidos, onde houve interesse especial pelas interações orais.

Realmente, o que mais contribuiu para impor as problemáticas ligadas à multimodalidade é certamente o fato de que a porção dos enunciados "escritos" que comportam elementos icônicos cresce sem cessar, o que afeta a própria noção de "texto", tanto que se fala, às vezes, de "iconotexto" para designar as produções semióticas em que imagem e fala são indissociáveis. Mesmo sem evocar o caso dos *sites* da Web, basta pensar em fenômenos tão diversos quanto os *emoticons* nos SMS ou nos *e-mails*, a publicidade, na qual se interpenetram profundamente o componente visual e o componente verbal, ou ainda as apresentações em PowerPoint, que se tornaram um elemento essencial para a comunicação no interior das instituições e, especialmente, no mundo científico. Mesmo a imprensa escrita tradicional é obrigada a privilegiar a encenação, o visual, produzindo diagramações baseadas no fenômeno da hiperestrutura (ver Grosse e Seibold, 1996; Adam e Lugrin, 2000), isto é, fazendo explodir um texto em diversos textos menores, de modo a formar uma espécie de mosaico de módulos heterogêneos, dispostos sobre uma página dupla. Vê-se, assim, constituir-se um nível intermediário de estruturação entre o conjunto do jornal, elemento superior, e o artigo, elemento inferior.

A importância da dimensão icônica se traduz, assim, em dois níveis: de um lado, os enunciados verbais se incrustam nas imagens ou as imagens acompanham os textos; de outro, o próprio conjunto que as imagens e os enunciados verbais formam constitui também uma forma trabalhada em si mesma.

A multimodalidade se infiltra no conjunto das manifestações da fala. Acontece uma reunião de qualquer envergadura. Ela impõe um *script*. As etapas do processo são escandidas por trechos de música. A encenação da fala é, assim, suplantada por outra, visual e sonora, com a qual ela interage. A multimodalidade é frequentemente acompanhada pela multiplicação das fontes: os participantes da reunião podem ver, em uma ou mais telas, o rosto do orador que estão ouvindo. Mas essas imagens não multiplicam simplesmente o que o ouvinte está vendo: elas são, de fato, resultado de escolhas feitas pelo editor, que pode, além disso, exibir primeiros planos diferentes para diferentes partes do auditório.

Essas evoluções têm o efeito de modificar o olhar que o pesquisador projeta sobre os *corpora*, que são cada vez menos integralmente verbais. Dado que um número crescente de produções discursivas é multimodal, restringir os estudos apenas aos materiais verbais (orais ou escritos) não é mais algo evidente: é uma escolha que precisa ser justificada pelos objetivos da pesquisa.

14.2 • A Web

A multimodalidade é levada ao paroxismo pelo desenvolvimento da Web, que — como fizeram em seu tempo a escrita e o impresso — tem uma incidência profunda não apenas sobre as práticas verbais (é uma banalidade dizer que a internet suscitou novas práticas: correio eletrônico, fóruns, *blogs*...), mas sobre a própria concepção que podemos ter da discursividade, particularmente, dos gêneros de discurso.

Geralmente se faz uma distinção (ver, por exemplo, Sheperd e Watters, 1998) entre os gêneros em uso na Web: os que retomam os gêneros de outras mídias (por exemplo, o impresso ou o vídeo) e os verdadeiros "cibergêneros", específicos da Web. Se adotarmos esse ponto de vista, boa parte da Web apenas adaptaria às restrições da internet gêneros modelados em outros lugares: conversações (fóruns, *chats*...), jornais de informação, dicionários, cursos, romances etc. De fato, se é inegável que grande número de práticas na Web encontra sua origem em práticas anteriores, isto não significa que derivem da mesma ordem. Desde que se leve a sério a noção de gênero de discurso, e dando o devido peso ao *medium*, pode-se de fato falar do *mesmo* gênero fora da Web e na Web? Pode-se, aliás, fazer raciocínio semelhante a respeito da passagem do oral ao escrito: as epopeias recitadas pelos aedos antigos não pertencem certamente ao mesmo gênero de discurso dos monumentos escritos que são a *Ilíada*, a *Odisseia* ou a *Eneida* que vamos ler em livros de bolso.

Os gêneros de discurso, tais como os analisamos anteriormente (capítulo 10), são estruturados pela hierarquia dos planos da cena da enunciação:

Cena englobante > Cena genérica > Cenografia

Nesse sistema, que se pode considerar "clássico", o hipergênero tem um papel periférico; ele não se situa no nível do gênero de discurso, mas no do grupo de gêneros. Esse sistema é pertinente para a Web? Não parece. Na verdade, enquanto o regime que chamamos de clássico situa a cena genérica no centro, na Web a cena genérica é enfraquecida. As unidades de comunicação são, de fato, da mesma natureza: trata-se de *sites* da Web, submetidos, enquanto tais, às mesmas restrições técnicas. Esta homogeneização é reforçada pela necessidade de poder circular por *hiperlinks* de um *site* a outro. Produz-se, assim, uma aplainação das diferenças entre as cenas genéricas. Doravante, é a cenografia, a encenação da informação, que tem o papel chave; ela mobiliza, além disso, maciçamente, os recursos multimodais (imagem fixa ou móvel, som) e as operações hipertextuais.

Na Web, esse enfraquecimento da cena genérica e da cena englobante (onde se distingue o político, o religioso, o publicitário...) acompanha uma hipertrofia da cenografia digital, que tem pouco em comum com a cenografia estritamente verbal. Podem-se, efetivamente, distinguir dois tipos de cenografia nos *sites*: uma cenografia *verbal* e uma cenografia *digital*. A cenografia "verbal" é implicada pela enunciação: para a *Lettre à un provincial* de B. Pascal, por exemplo, a cenografia é a relação epistolar de um parisiense com um amigo que vive no interior. Mas, ao disponibilizar essa carta em um *site* da internet, ela será integrada a uma nova configuração, uma cenografia *digital*, que reveste a cenografia propriamente verbal: ela será ao mesmo tempo uma imagem na tela, um suporte de operações (por exemplo, pode-se clicar sobre determinada palavra ou grupo de palavras), um constituinte da arquitetura do *site* no qual ela figura. A cenografia digital pode, então, ser analisada em três componentes:

- um componente *iconotextual* (o *site* mostra imagens e ele mesmo constitui um conjunto de imagens na tela);

- um componente *arquitetural* (o *site* é uma rede de páginas acionada de uma determinada maneira);
- um componente *procedural* (cada *site* é uma rede de instruções destinadas ao internauta).

A cenografia digital resulta da interação entre estes três componentes, que podem convergir ou divergir: por exemplo, uma cenografia procedural muito didática pode contrastar com uma cenografia iconotextual muito "poética" (cores pastel, tipografia elegante...).

A transformação da genericidade que a Web implica diz respeito igualmente à textualidade. A Web tende a desestabilizar a hierarquia entre o que seria um texto principal e um paratexto (prefácio, notas de rodapé...), o que está ligado ao fato de que não se pode abranger com uma só olhada o conjunto da "página": é uma "tela" que se oferece ao olhar, captura parcial de uma totalidade que não se dá jamais como tal, que é necessário fazer rolar tela abaixo. Na maior parte dos *sites*, uma página da tela não é *um* texto, mas um mosaico de módulos, heterogêneos do ponto de vista enunciativo e modal: sinais, diagramas, propagandas, começos de artigos, *slogans*, vídeos... Bem frequentemente, esses módulos não são textos, nem mesmo fragmentos de textos autossuficientes, mas espécies de portas que, num clique, podem dar acesso a outro espaço (outras páginas do mesmo *site* ou de outros, um vídeo ou uma propaganda...). Não se pode falar aqui de microtextos, de textos curtos (como as máximas ou os pequenos anúncios tradicionais, por exemplo), mas de uma subversão generalizada da lógica do texto. Assiste-se, assim, a uma "profunda transformação da relação entre o fragmento e a totalidade", na medida em que

> os discursos não estão mais inscritos em objetos que permitem classificá-los, hierarquizá-los e reconhecê-los em sua identidade própria. O mundo digital é um mundo de fragmentos descontextualizados, justapostos, indefinidamente recomponíveis, sem que seja necessária ou desejável a compreensão da relação que os inscreve na obra da qual são extraídos (Chartier, 2012: 12-13).

Nos *sites* da Web, a própria identidade de um enunciado é problemática. O que aparece na tela só define um estado transitório. Em função das restrições que variam segundo o tipo de *site* de que se trate, os conteúdos dos módulos podem ser renovados a todo momento, cada um segundo seu ritmo, fazendo vacilar uma das condições implícitas do que tradicionalmente chamamos de texto: a estabilidade. Legalmente, qualquer citação extraída de uma página da Web deve indicar não só o endereço URL, mas também o ano, o dia, a hora, eventualmente, o minuto em que o internauta fez o acesso. Compreende-se o embaraço dos organismos encarregados de capturar páginas para conservar uma memória da Web.

Se existem, evidentemente, "gêneros" na Web, grandes categorias de *sites* (*sites* comerciais, *blogs*, *sites* de informação, *sites* de compartilhamento de vídeos etc.), não se trata de gêneros clássicos. Temos de lidar mais com uma categorização que tem a ver com o que chamamos acima de hipergênero. Os "gêneros" de *sites* são, de fato, formatações pouco restritivas, que possibilitam muitas cenografias. É o caso, por exemplo, do *blog*, que se caracteriza principalmente pelo fato de mobilizar determinado tipo de *software*. Trata-se de uma formatação comum a domínios muito diversos: *blog* pessoal, institucional, comercial etc. Supõe, de fato, uma relação comunicacional mínima: uma entidade que tem um nome próprio fala de si mesma a qualquer um que visite seu *site*. As cenografias que se desenvolvem no quadro de tal hipergênero não são, entretanto, diversificadas ao infinito: algumas rotinas se instalam. Num estudo consagrado a oitenta *blogs* de profissionais da política na França que estavam no ar durante o mês de setembro de 2007, L. Lehti (2011) distinguiu cinco tipos de cenografias verbais: "diário íntimo", "álbum", "notícias", "ensaio", "debate".

Na Web, o recurso a um hipergênero ou a determinada cenografia está longe de ser insignificante. Pelo contrário, permite dar sentido à atividade de comunicação, instaurando uma relação entre os parceiros da comunicação, e tais escolhas são sintomáticas de determinada configuração social. Por exemplo, no que diz respeito à prostituição feminina, boa parte do que a polícia chama de "abordagem" se faz atualmente por meio de *blogs* pessoais. Esta nova prática contrasta com a prostituição tradicional que se exercia sob a proteção de algum(a) cafetão(ina) e em zonas marginais das cidades. O recurso ao *blog* permite esmaecer a distinção entre prostituta profissional e mulher comum, entre clientes e rede de amigos. As relações parecem se estabelecer entre indivíduos, não por intermédio de terceiros. Essa tendência entra em consonância com a que relega cena englobante e cena genérica ao pano de fundo: tanto em um quanto em outro caso, dificilmente se pode pensar em termos de papéis e de instituições.

14.3 • As três formas de textualidade

Além dos gêneros de discurso, como vimos, uma concepção da textualidade é posta em questão pela Web. O conceito de hipertexto, introduzido em 1965 por Ted Nelson, tinha precisamente a função de contestar o caráter sequencial do texto. De fato, os três tipos fundamentais de comunicação (oral, impressa e digital) implicam *formas de textualidade* distintas.

(1) Na oralidade conversacional, os parceiros não podem apreender como texto — isto é, globalmente e do exterior — a atividade de fala na qual estão engajados. Pode-se falar de uma textualidade *imersa*. Certamente, uma vez transcrita, uma troca verbal se transforma em um texto para o analista, mas este texto não reflete o ponto de vista dos interlocutores, e não é *a* representação da conversação; é apenas uma representação entre outras, aquela que resulta da técnica de transcrição escolhida.

(2) No caso dos gêneros instituídos, lida-se com uma textualidade *planejada*, oral ou escrita, na qual a fala é regida por um dispositivo prévio; supõe-se que os participantes tenha interiorizado as restrições do dispositivo. Esse tipo de textualidade pode se manifestar de duas maneiras:

- *monologal*, quando o locutor planeja sozinho o desenvolvimento de sua enunciação. É a situação, por exemplo, do pregador, do conferencista, do jornalista ou do romancista. Quando é escrita, essa textualidade planejada pode se manifestar de duas formas: *linear* e *tabular*. Certamente, qualquer texto escrito é, também, de certa forma, "tabular", pois se apresenta ao leitor como uma imagem, submetida a determinadas normas de edição. Mas geralmente se supõe que essas normas apenas especificam a articulação do texto, fundamentalmente linear. Na textualidade tabular, ao contrário, o texto é também imagem, e é tratado como tal. Isso ocorre particularmente na publicidade ou na imprensa escrita contemporânea, em que cada página e cada página dupla são também, de fato, compostas de maneira a formar uma espécie de quadro, submetido a imperativos estéticos;
- *dialogal*, frequentemente associada à presença de um público, especialmente quando se trata de rádio ou de televisão.

As enunciações são organizadas antecipadamente e são geridas durante a atividade de fala, seja por um moderador, que busca se adequar a determinados esquemas, seja pelos próprios participantes, que se submetem espontaneamente às normas tácitas do gênero de discurso no qual estão engajados.

(3) A textualidade *navegante* é a da Web, que implica uma transformação da própria noção de "leitura": é cada internauta que, pelas escolhas que efetua durante sua navegação, fabrica o hipertexto que "lê". Assim, é questionado um pressuposto que está no núcleo do humanismo tradicional: a relação entre *um* Sujeito, autor e/ou leitor, e *um* texto *dado*. A relação imaginária que liga um texto a seu ou a seus autores é substituída por uma relação generalizada, num espaço aberto, constituído de *sites* que são agenciamentos coletivos.

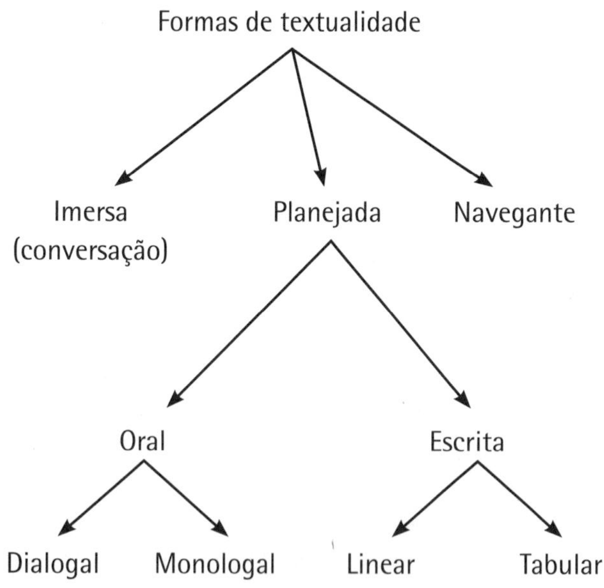

É preciso reconhecer que a concepção usual que temos da textualidade repousa implicitamente sobre a textualidade "planejada". Ela própria é estreitamente vinculada à genericidade clássica, na qual se podem distinguir cena englobante, cena genérica e cenografia, um sistema cujo eixo é constituído pela cena genérica. Por razões muito diferentes, nem a textualidade conversacional nem a Web estão submetidas a essa lógica. Enquanto a genericidade clássica se apoia em uma cartografia das atividades verbais (há tipos de discursos e, no interior destes, instituições de fala bem diferenciadas), a lógica da Web é a de uma des-diferenciação dos múltiplos domínios da fala, por uma exacerbação, ao mesmo tempo, da cenografia e do hipergênero. Tal evolução se faz à custa de restrições institucionais, mas também à custa do Um do texto. Sobre a tela aparecem imagens transitórias, em recomposição perpétua, mosaicos de módulos tipográficos, painéis de navegação, nós em uma rede, e não textos que se poderia relacionar a lugares circunscritos em territórios com fronteiras claras.

15

Comunicações de terceiro tipo

O desenvolvimento da análise do discurso nos anos 1960 foi em grande parte tributário, sobretudo nos Estados Unidos, da multiplicação dos estudos consagrados às trocas orais. Apoiando-se nos avanços técnicos em matéria de registro audiovisual, tratava-se de reagir contra uma concepção da comunicação que não punha no centro da atenção o caráter interativo da linguagem e sua radical contextualidade[1]. O interesse pela oralidade conversacional era partilhado por diversas correntes: etnografia da comunicação (D. Hymes), análise conversacional (H. Sacks), sociolinguística interacional (J. Gumperz), etnometodologia (H. Garfinkel). Mesmo não recorrendo a *corpora* gravados, a microssociologia da vida cotidiana de E. Goffman trabalhou no mesmo sentido. Essas pesquisas, como vimos, tiveram o efeito de reforçar o pressuposto de que a interação oral é a forma fundamental e autêntica da fala.

O problema é que a evolução das tecnologias durante as décadas seguintes também fez aparecerem formas de comunicação que se distanciam desse modelo, obrigando os especialistas do discurso a complexificar a representação que fazem da atividade verbal.

A atividade verbal é comumente concebida como um fluxo sonoro que circula entre dois interlocutores que estão face a face; quando estão

---

[1] Para uma síntese desse contexto epistemológico, ver Winkin (org.) (1981). Sobre o aspecto propriamente linguístico, ver Kerbrat-Orecchioni (2004a).

fisicamente separados, os sujeitos falantes podem se valer de instrumentos, seja um telefone (que preserva o caráter imediato da troca), uma caneta ou uma máquina de escrever, que permitem uma comunicação diferida, no caso, escrita. Mas qualquer um pode constatar que hoje os locutores passam cada vez mais tempo produzindo enunciados que dificilmente cabem nesses quadros. M.-A. Paveau fala, assim, de "tecnologia discursiva" para designar

> um dispositivo no seio do qual a produção linguageira e discursiva está intrinsecamente ligada a ferramentas tecnológicas (aparelhos, *softwares*, aplicativos, plataformas) (2012: 106).

O termo "tecnologia discursiva" se inscreve no prolongamento da noção de "tecnologia intelectual", difundida pelo antropólogo Jack Goody (1977), que refletiu particularmente sobre os efeitos da introdução da escrita na civilização. Segundo ele, a escrita não teria permitido apenas fixar o pensamento: ela o teria transformado. Uma tecnologia intelectual é, com efeito, um instrumento ou dispositivo que permite aos humanos incrementarem suas capacidades cognitivas. O que implica que essas capacidades dependem em parte das ferramentas de comunicação utilizadas. Nessa perspectiva, as novas tecnologias da comunicação não são apenas instrumentos a serviço de uma comunicação verbal que permaneceria fundamentalmente inalterada: elas modificam a materialidade do que se entende por "discurso", com tudo o que isso implica em termos de relações sociais e de construção da subjetividade.

15.1 • Conversação e postagens

A conversação prototípica, como dissemos, passa pelo canal oral e coloca em presença locutores — pelo menos dois[2] — que asseguram uma gestão conjunta da alternância dos turnos de fala e se influenciam mutuamente, mobilizando diversos tipos de signos (verbais, prosódicos, gestuais, vestimentais...). Tal caracterização pode ser estendida sem muita dificuldade às conversações telefônicas, mesmo que os interlocutores não estejam no mesmo ambiente físico.

---

[2] A interação oral é, de fato, muito frequentemente, um "polílogo", e não um "diálogo". Sobre o polílogo, ver Kerbrat-Orecchioni (org.) (2004b); sobre o triálogo (com três participantes), ver Kerbrat-Orecchioni e Plantin (orgs.) (1995).

A comunicação eletrônica modifica esse estado de coisas. Antes de tudo, ela introduz um leque de formatos de troca ao mesmo tempo espontâneos e "escritos" (*chats*, *e-mails*, SMS...), uma espécie de *conversescrita* que, por diversas razões, subverte a distinção tradicional entre troca imediata (conversação) e diferida (escrita), como se vê já no nível dos recursos linguísticos: esses tipos de enunciados "escritos" têm numerosos traços característicos da oralidade conversacional. Pode-se, contudo, considerar que esse fenômeno não questiona radicalmente o modelo clássico, que se trata apenas de extensões da conversação ou da troca epistolar, um pouco como o telefone foi em seu tempo uma extensão da conversação.

Mais embaraçoso, no entanto, é o fato de que vemos proliferarem tipos de enunciados dos quais é difícil dizer que tenham algo ver com *troca* verbal. Basta pensar nos "tuítes", nos "curtir", nos "comentários" nos perfis de Facebook, nas "reações" dos internautas às notícias nos *sites* de informação etc. Pode também tratar-se de mensagens não verbais (arquivos musicais, vídeos ou fotos), acompanhadas muito frequentemente de falas, e que podem ser "compartilhadas" sem contato físico. Chamamos de *postagens* essas diversas categorias de enunciados. Eles não se inscrevem em uma cadeia fechada de interações; podem demorar certo tempo para encontrar seu(s) destinatário(s). Exceto quando se trata de perguntas que exigem resposta imediata, autorizam uma gama muito aberta de reações, mais ou menos rápidas, e, eventualmente, até mesmo nenhuma reação. Essa evolução põe em xeque a noção de endereço — no duplo sentido de identificação de um destinatário bem específico e do lugar físico onde entregar a mensagem. Assiste-se, de fato, a uma des-localização da produção e da recepção dos enunciados: pode-se produzir não importa onde e receber em qualquer lugar. Assim, o destinador não tem necessidade de perguntar *onde* se encontra(m) seu(s) destinatário(s), nem este(s), *onde* se encontra o destinador.

Essas postagens tendem, além disso, a se libertar das restrições usuais da organização textual, das formas de textualidade orgânica. Não se trata, como numa conversação ordinária, de intervenções de diversos interlocutores que, combinadas, vão formar uma totalidade composicional mais vasta. Podem reduzir-se a um sinal de pontuação, um *emoticon*, uma palavra, um grupo de palavras, uma ou várias frases... Estamos longe da correspondência epistolar, que dificilmente pode dispensar os textos, ou da conversação, na qual os interactantes cooperam para constituir uma sequência estruturada, com seus ritos de abertura e de fechamento, e uma necessidade de acabamento (acordo, simetrias etc.).

Podemos nos admirar com o fato de que as postagens possam, assim, se libertar das restrições que a alternância de turnos de fala ou a textualidade impõem. De fato, tais enunciados são possíveis porque são indissociáveis das comunidades restritas cuja coesão eles contribuem para manter:

(1) destinatários identificados (*e-mails* e SMS);
(2) destinatários coletivos agrupados em torno de um mesmo indivíduo ("amigos", "seguidores");
(3) destinatários indeterminados, mas focalizados em um mesmo centro de interesse (*posts* em fóruns)...

As postagens se enunciam, assim, no interior de uma espécie de conivência mais ou menos forte, de um fluxo contínuo de manifestações de sociabilidade, em que cada um pode "se expressar" pontualmente, sem necessidade de articular os signos que envia a uma totalidade textual, concebida em função de um destinatário situado em outro espaço. As postagens, ao mesmo tempo, pressupõem e reforçam as comunidades, favorecendo uma espécie de "tribalização" fundada na comunicação e que não segue os recortes sociais tradicionais.

Aqui, entretanto, convém evitar um malentendido: a lógica da "postagem" não está em relação mecânica com determinada tecnologia comunicacional. Certamente, os tuítes são necessariamente postagens, mas os SMS dos telefones celulares podem também servir como verdadeiras trocas, que se assemelham aos *chats*, enquanto os fóruns ou os *e-mails* têm a ver ora com uma lógica de troca, ora com uma lógica de postagem.

15.2 • Novas situações de comunicação

Vimos, no capítulo anterior, que o exercício contemporâneo da fala aparece dividido entre três mundos, que correspondem a diferentes formas de textualidade e de genericidade, que chamamos "imersa", "planejada" "navegante". Ora, em seu cotidiano, os indivíduos as misturam constantemente: podemos conversar com um amigo por telefone (textualidade imersa) ao mesmo tempo em que surfamos na internet (textualidade navegante) e redigimos um relatório (textualidade planejada).

A complexidade dos dispositivos de interação excede, assim, cada vez mais, os modelos tradicionais da comunicação verbal. No trabalho, um número sempre crescente de indivíduos se encontra no cruzamento de fluxos de comunicação heterogêneos: documentos manuscritos ou impressos que eles redigem, leem, anotam..., arquivos digitais, *e-mails*, *sites* nos computadores, mas também enunciações orais (algumas nos moldes tradicionais da conversação face a face ou por telefone, outras passando pela mediação dos computadores). A isso se acrescenta eventualmente a necessidade de ficar de olho nas telas em permanente atualização (por exemplo, índices da bolsa e diversos indicadores econômicos). Os empregados das ferrovias que vendem passagens passam o dia conversando com viajantes ao mesmo tempo em que interagem com um computador; os controladores de voo têm os olhos voltados para as telas dos computadores enquanto falam com os pilotos dos aviões; os garçons nos restaurantes que anotam na mesa os pedidos dos clientes os inserem imediatamente em uma comanda eletrônica, ligada a computadores situados na cozinha.

Mesmo zonas de atividade que poderíamos considerar livres dessas novidades são afetadas: o Parlamento, por exemplo. Em 2013, três quartos dos deputados franceses dispunham de uma conta no Twitter e eram estimulados a enviar tuítes durante as sessões da Assembleia, comentando o que estava acontecendo. Não se trata mais, como no SMS, de enviar uma mensagem a determinada pessoa, mas de alcançar o conjunto de seus "seguidores", entre os quais alguns em condições de difundir imediatamente a mensagem às mídias, que não hesitam em repercuti-las amplamente.

Há duas maneiras de ver essas mesclas de modos de comunicação. Pode-se ver nelas simples interferências entre atividades independentes: por exemplo, o funcionário que, numa reunião de trabalho, consulta seus *e-mails* no *smartphone*, fala esporadicamente com seu vizinho e ouve alguém fazendo uma exposição com o auxílio de um arquivo em PowerPoint, do qual toma algumas notas. Mas também é possível ver nelas fenômenos que, quando se tornam rotineiros, podem modificar as normas da atividade envolvida. Retomemos o caso dos deputados que enviam tuítes duarante as sessões do Parlamento. No começo, trata-se de uma prática marginal, quase clandestina; a partir do momento em que ela se generaliza, tende a modificar o funcionamento do gênero de discurso que se chama "sessão da Assembleia". Ela, de fato, duplica o recinto do Parlamento — lugar de trocas orais de diversos tipos (entre deputados, entre o orador e seus colegas, entre o presidente e a Assembleia etc.) — com um espaço virtual, de contornos impossíveis de definir, no qual circulam os comentários dos deputados sobre as interações nas quais eles estão ao mesmo tempo envolvidos. Essa circulação vai nos dois sentidos: não somente o deputado que tuíta abre o Parlamento para ouvintes ausentes, mas também os ausentes podem enviar tuítes que podem atingir determinado número de deputados em sessão.

Podem-se dizer coisas semelhantes sobre os efeitos da introdução do computador no ensino. No início, tratava-se apenas de colocar uma nova ferramenta de aprendizagem à disposição dos estudantes, um coadjuvante técnico que não modifica fundamentalmente a situação de comunicação. Mas a introdução dessa nova modalidade de produção e de circulação dos discursos que supostamente acompanha a fala dos professores tem muitas chances de modificar profundamente o dispositivo de ensino. Enquanto o ensino tradicional se fundava na oralidade da fala do professor, monologal ou dialogal, o professor tende a se converter em animador de uma fala de autoridade produzida por outros, uma fala que, na realidade, ultrapassa amplamente o que se entende comumente por "fala", pois se trata de um agenciamento de documentos e de procedimentos que faz apelo maciço à multimodalidade. Por sua vez, o aprendiz que interage solitariamente com uma tela é levado a redefinir sua relação com o ensino e com o professor, mas também com os grupos de pertencimento que são sua turma e sua escola.

A escrita já permitia abrir de maneira incontrolável a identidade e o número de destinatários, ao menos pela multiplicação das cópias. É, aliás, uma das censuras que lhe dirigia Sócrates no *Fedro*. O rádio e a televisão potencializaram esse fenômeno, pelo menos ao instituir constantemente triálogos, onde se fala em função de um segundo destinatário, invisível e desconhecido, o público dos ouvintes ou dos telespectadores. Com as novas formas de comunicação, uma nova via foi franqueada. As postagens, por exemplo, complexificam o que podemos entender por "destinatário". A mais simples página do Facebook distingue níveis de destinatários, o mais banal correio eletrônico pode ser enviado a um número muito variável de destinatários, com cópias ocultas ou não, e podemos perguntar se, para os *spams*, a própria noção de destinatário ainda é pertinente. Aquilo que da vida privada é acessível nos *blogs* ou nas redes sociais excede qualquer distinção simples entre público e privado: "a "extimidade[3]" subverte

[3] O psiquiatra e psicanalista Serge Tisseron (2001) desenvolveu a noção de *extimidade* para dar conta de *Loft Story*, o programa lançado pelos *reality shows* na França. O conceito pôde facilmente ser ampliado para um conjunto de práticas de encenação que a internet permite. "Isso corresponde ao fato de levar a público certos elementos de nossa vida íntima no domínio público a fim de ter um retorno sobre seu valor. É diferente do exibicionismo e do conformismo" (Tisseron, 2011: 83).

a fronteira entre o público e o privado. Somos todos, cada vez mais, ouvintes ou leitores de mensagens que não nos são destinadas, sem que por isso nossa presença seja verdadeiramente excluída.

A isso se acrescenta a possibilidade de transferir em um instante uma mensagem, de abri-la a percursos incontroláveis, ou simplesmente de publicar *online* não importa qual documento, verbal, icônico, sonoro. Os *sites* de informação se põem a publicar os tuítes de personalidades e os *sites* de compartilhamentos de vídeos podem oferecer a todos o acesso a enunciações vazadas. Melhor: todas as comunicações são passíveis de ser gravadas e analisadas pela polícia ou por algum serviço secreto, seus destinatários "não ratificados[4]", mas previsíveis.

15.3 • Locutores problemáticos

O modelo implícito que governa nossa representação habitual da fala é aquele em que o locutor é um ser único e identificável, ao mesmo tempo, agente da enunciação e responsável por ela. No entanto, tal representação não basta para dar conta da multiplicidade de enunciados de autores indetermináveis: textos publicitários, administrativos, políticos, jornalísticos... são, na maior parte das vezes, o produto de instâncias coletivas. Mesmo enunciados assinados, reivindicados por um indivíduo, como os pronunciamentos de personalidades do mundo político ou econômico, são redigidos por assessores.

Com a multiplicação dos *softwares* que possibilitam a redação cooperativa entre indivíduos que não estão no mesmo ambiente, as situações que permitem trabalhar em conjunto nos mesmos arquivos se banalizam. A própria noção de redação individual é afetada: cada vez mais, ela consiste em combinar e modificar em graus variáveis trechos recortados da Web ou fragmentos da memória do computador e não em produzir, passo a passo, um texto totalmente novo que exporia o pensamento do locutor.

Tais práticas não se deixam apreender em uma oposição simples entre anonimato e individuação, nem mesmo na da identidade coletiva.

Vemos se multiplicarem igualmente os lugares em que se misturam fontes heterogêneas, algumas das quais nem são de humanos. Em um

[4] Goffman (1981) distingue, em uma interação, os "participantes retificados", diretos ou indiretos, e os "*bystanders*" não ratificados, que escutam com pleno conhecimento dos interlocutores ou clandestinamente.

site de informação, os módulos textuais, em sua maior parte, não são assinados; muito frequentemente, são recortes de textos de agências especializadas que, por sua vez, não têm autor identificável. A redação e a publicação, renovada sem cessar, do pregão da bolsa ou da meteorologia, são o resultado de uma série de procedimentos automáticos.

Nessas condições, muitas categorias tradicionais perdem sua evidência. É o que acontece com a de autor, no sentido de um nome próprio bem identificado associado a uma "obra". A proliferação de espaços de expressão pessoal (especialmente os *blogs* e as redes sociais) elimina uma restrição que não aparecia claramente quando o livro ou o manuscrito dominavam: a raridade. Certamente, desde que a imprensa existe, não se cessou de deplorar o excesso de livros, logo, de autores, mas nada comparável ao que se passa hoje. Especialmente quando a Web oferece ao blogueiro a possibilidade de publicar *online* um número ilimitado de textos, de imagens, de vídeos ou de trechos de música. Ninguém mais regula a produção, exceto a boa vontade do blogueiro e as restrições impostas pelo *software* e pelo servidor que o hospeda.

O acesso à "publicação" não é mais limitado por intermediários. No regime imposto pelo livro, os intermediários eram de dois tipos:

(i) os profissionais da edição, que selecionavam os textos e os distribuíam em séries (em particular, as coleções); sua seleção funcionava também como um atestado de qualidade, tanto no plano material (ortográfico, em particular) quanto no intelectual;

(ii) os profissionais gráficos: a impressão era uma atividade ligada a uma tecnologia complexa e custosa sobre a qual o produtor do texto, salvo exceções, não tinha interferência. Além desses dois tipos de intermediários, a publicação *online* dos textos permite suprimir um terceiro tipo: o crítico. A imprensa funcionava como um filtro poderoso que, entre os postulantes à notoriedade, selecionava apenas um número reduzido de textos. A proliferação de textos *online* torna derrisória uma crítica que pretendesse avaliar as publicações da semana ou do mês, permitindo distinguir algumas figuras de destaque contra o pano de fundo do que os editores lançam no mercado. Os intermediários evaporam, em proveito de um confronto direto entre uma oferta ilimitada e um leitor que navega de maneira incontrolável na Web. Por procedimentos de tipo epidêmico, tal ou tal blogueiro pode emergir por um momento do anonimato, mas a estabilização de uma figura parece problemática. O terceiro que consagra um texto *online* não é mais uma voz autorizada (um professor, um crítico), mas um enxame de indivíduos pseudônimos que reagem diretamente, sem que eles mesmos estejam credenciados. O que dificulta a constituição de uma imagem consistente de autor.

A própria identidade da "obra" se torna problemática. Diferentemente do texto impresso tradicional, no qual as modificações só podem ser introduzidas em uma nova tiragem, o texto *online* pode ser modificado a cada minuto em seu conteúdo, em sua apresentação ou em sua posição na arquitetura do *site*, de forma que é impossível afirmar qual é a "boa" versão. Quando o autor modificava um texto impresso de uma edição a outra, era fácil comparar as diferentes versões e estabelecer um aparato crítico. Nada disso ocorre com os "textos" da internet, dado que a noção de rascunho não é mais pertinente para descrever a passagem de uma versão a outra do que é publicado na Web.

As inovações tecnológicas permitem igualmente atribuir enunciados, escritos ou orais, a seres que não são propriamente sujeitos falantes, mas o que se poderia chamar de *locutores angélicos*, cada vez mais presentes em nosso cotidiano.

O termo "locutor angélico" merece alguma justificação: trata-se de um ser existente apenas como correlato duma enunciação. Do anjo bíblico, retemos aqui três propriedades:

- ele não fala por sua própria iniciativa, mas age sempre movido por algum outro; é um simples portador de mensagens[5];
- ele não tem corpo;
- enquanto um verdadeiro sujeito falante tem outras propriedades além das de ser enunciador e que pode ou não tomar a palavra, a existência do anjo se esgota em sua atividade de fala: aparece para enunciar uma mensagem e desaparece.

Sob o termo "locutor angélico", agrupamos na verdade fenômenos heterogêneos, que conviria distribuir em diversas classes.

Pode se tratar de enunciados escritos que surgem na tela de um computador ou nos painéis luminosos das rodoviárias e aeroportos. Pode se tratar de mensagens orais veiculadas por uma voz que não se

[5] O anjo, em grego, é um mensageiro; as religiões do Livro individualizaram alguns seres (Gabriel, Lúcifer), mas neste caso eles excedem seu papel estrito de mensageiros.

sabe se é de um humano ou se é sintetizada: anúncios nos ônibus ou aeroportos, instruções em um GPS para orientar o motorista, ou nos caixas automáticos para ajudar os clientes a efetuarem suas operações etc. Esse fenômeno só tende a se ampliar nos próximos anos. Nesse tipo de exemplos, os locutores angélicos estão associados a mensagens elementares: pré-formatadas, estáveis em seu significante. Pode-se falar, nesses casos, de *anunciadores*. Pode ser que esses anunciadores estejam associados a uma figura antropomórfica, uma imagem de síntese que enuncia uma mensagem. Os anunciadores não possuem — pelo menos por enquanto — uma propriedade que se reconhece aos humanos, a de poder dizer outra coisa além do que dizem.

Existem outros tipos de locutores angélicos, mais elaborados, que poderíamos chamar de "locutativos"[6] (palavra-valise que associa "locutor" e "aplicativo"). São, particularmente, associados à geração automática de textos de gêneros bem circunscritos. É o caso, por exemplo, dos aplicativos que, a partir de dados não linguísticos, por exemplo, meteorológicos (temperatura, pressão, deslocamento das nuvens...), industriais ou médicos, são capazes de redigir determinados gêneros de textos: boletins, relatórios de inspeção, cartas comerciais, diagnósticos... Existem igualmente aplicativos muito mais sofisticados, capazes até de gerar textos "literários" de certo gênero e estilo (Balpe, 2000). Entre estes dois extremos, todos os tipos de tarefas verbais podem ser confiados a autômatos; por exemplo, fazer um resumo automático.

Quando se aborda a questão pelo viés das situações de comunicação ou da natureza dos locutores, a materialidade do discurso excede as representações prototípicas da comunicação verbal nas quais os sujeitos falantes de carne e osso estão face a face ou se dirigem mensagens escritas que se imagina substituiriam uma troca impossível. A invenção da escrita já tinha feito aparecerem seres fantasmáticos, "autores" que não podiam ser reduzidos a locutores e podiam, portanto, ser fictícios: nos arquivos pululam autores inventados de todos os tipos, de boa fé ou por truque. A evolução das tecnologias vai ainda mais longe, mergulhando constantemente os sujeitos falantes em interações com fontes de palavras às quais nenhuma biografia, nem mesmo imaginária, pode ser associada.

---

[6] No original, "locuciel", que associa "locuteur" e "logiciel". (N. do T.)

Conclusão

A POSIÇÃO dos estudos de discurso parece, ao mesmo tempo, forte e fraca. Forte porque é por meio do discurso que se constrói a realidade social, e, portanto, todo empreendimento de conhecimento, inclusive os próprios estudos do discurso. Ninguém pode ignorá-lo, nem mesmo quem quisesse denunciar sua influência. Mas é também fraca porque somos frequentemente tentados a ver no discurso um suplemento decorativo das disciplinas bem estabelecidas — sociologia, história, psicologia, linguística... —, a eclipsar seu estudo em proveito do estudo das "palavras" ou das "coisas", para retomar os termos de M. Foucault. É uma instabilidade que mostra a duplicidade do próprio termo "discurso" entre os que se filiam a ele: oscila entre usos "setoriais" — em particular entre os linguistas, que o identificam com a enunciação de um texto ou de um agrupamento de textos — e os usos "globais", caso em que se trata de uma entidade de natureza quase filosófica.

As diversas correntes que contribuíram para o estabelecimento desse campo de pesquisa emergiram no interior de fronteiras intelectuais nacionais. A globalização instaurou uma nova distribuição, eliminando as barreiras entre essas tradições; mas não há consenso quanto ao sentido que se lhe deve dar. Segundo uma opinião amplamente difundida, a globalização permite que o conjunto de pesquisadores do planeta disponha do mesmo instrumental conceitual e metodológico; assim, cada um precisa apenas definir sua "abordagem" pessoal a partir desse instrumental comum. Contrariamente, outros, em nome do multiculturalismo, denunciam a neutralidade dos instrumentos como ilusória: para eles, os quadros teóricos e os objetos de pesquisa "provêm frequentemente das realidades e das culturas anglo-americanas e de algumas europeias" (Shi-xu, 2009), que, assim, impõem sub-repticiamente seus pressupostos e valores. Mesmo que não se adira a esse ponto de vista, é certo que, no domínio das ciências humanas e sociais, qualquer tentativa de fazer da pesquisa uma atividade rotineira, universal e neutra só pode ser suspeita. É o confronto dos diversos paradigmas que permite a crítica, condição da inovação.

De todo modo, a oposição entre pesquisa local e pesquisa globalizada é redutora. Hoje, as grandes correntes teóricas e metodológicas não podem mais estar circunscritas a espaços compactos, protegida por fronteiras geográficas. Trata-se mais de redes transnacionais, algumas das quais se apoiam em uma língua ou em um grupo de línguas específicas. Longe de estarem fechados em um espaço cultural único, os pesquisadores participam, de fato, de vários espaços: certamente, o analista do discurso britânico partilha a língua inglesa com seus colegas dos Estados Unidos, mas ele é também inglês e europeu. Os analistas do discurso franceses estão ao mesmo tempo presos no espaço francês, no espaço francófono, no espaço das línguas românicas, no espaço europeu; o pesquisador brasileiro ou argentino é, ao mesmo tempo, americano, sul-americano e fortemente impregnado de cultura europeia etc. Cada plano de pertencimento impõe suas restrições, e os pesquisadores estão condenados a jogar com sua diversidade para definir seu próprio posicionamento.

Outra manifestação da heterogeneidade, evidenciada na terceira parte deste livro, é a do próprio discurso. Essa realidade é contrabalançada por outra, a saber, que a análise do discurso é um empreendimento que estabelece pontes onde habitualmente prevalece a descontinuidade: entre texto e contexto, entre fala e ação, fala e instituição... É também um empreendimento que unifica, inscrevendo em um mesmo espaço objetos tradicionalmente abordados em departamentos universitários distintos: grafites, *blogs*, orações, transmissões de TV, redes sociais, circulares administrativas, romances, tratados de metafísica... O estudo do discurso só pode pôr em questão as fronteiras acadêmicas, trabalhar no sentido de uma trans- ou interdisciplinaridade, eventualmente, para alguns, de uma pós-disciplinaridade, que seria um signo de nosso tempo.

Além disso, é a própria existência dos estudos de discurso que convém interrogar. Poder-se-ia caracterizar o mundo em que vivemos como um mundo em que se estuda o "discurso", assim como se pôde caracterizar a Grécia clássica como um mundo em que se praticaram a retórica e a filosofia. Se a questão do discurso se impôs assim, é porque se produziu uma transformação na configuração do saber: os estudos de discurso só podem "exportar" seus conceitos e seus procedimentos para outras disciplinas porque, na realidade, estas últimas são mais ou menos obscuramente trabalhadas pelas próprias interrogações que tornaram possíveis os estudos de discurso. O que mostra, aliás, a maneira pela qual foram constituídas: fazendo convergir trabalhos e reflexões vindos ao mesmo tempo de diversas regiões das ciências humanas e sociais e de certas correntes filosóficas.

Os estudos de discurso aparecem como um campo de pesquisa que se alimenta de forças contraditórias, partilhado entre a multiplicação de suas correntes e o crescimento das trocas entre elas, entre a fragmentação de seus objetos de análise e o recurso a conceitos e procedimentos englobantes, entre o trabalho empírico e a especulação filosófica, entre a vontade de delimitar um espaço específico e a de se deixar absorver pelas ciências humanas e sociais. Mas esse campo, por mais problemática que possa ser sua identidade, constitui um novo posto de observação das práticas de uma sociedade, um posto que modifica a forma pela qual apreendemos a linguagem, a subjetividade, a sociedade, o sentido.

Bibliografia

ADAM, J.-M. (1999) *Linguistique textuelle. Des genres de discours aux text*. Paris: Nathan.

ADAM, J.-M. (2011) *La linguistique textuelle*. Paris: Armand Colin. [*A linguística textual: introdução à análise textual dos discursos*. São Paulo: Cortez, 2011.]

ADAM, J.-M.; HERMAN, T.; LUGRIN, G. (orgs.) (2001) Genres de la presse écrite et analyse de discours. *SEMEN*, 13, Presses Universitaires de Franche-Comté.

ADAM, J.-M.; LUGRIN, G. (2000) L'hyperstructure: un mode privilégié de présentation des événements scientifiques. In: CUSIN-BERCHE, F. (org.) *Rencontres discursives entre science et politique. Spécificités linguistiques et constructions sémiotiques*. Carnets du CEDISCOR, Presses de la Sorbonne Nouvelle.

ADAM, J.-M.; VIPREY, J.-M. (2009) *Corpus* de textes, textes en *corpus*. Problématique et présentation. *Corpus*. Disponível em: http://corpus.revues.org/1672?lang=en; acesso: 21/05/2015.

ALTHUSSER, L. (1965) *Pour Marx*. Paris: Maspéro. [*A favor de Marx*. Rio de Janeiro: Jorge Zahar Editores, 1979.]

ALTHUSSER, L. (1976) *Positions*. Paris: Éditions sociales. [*Posições -1*. São Paulo: Graal, 1978.]

ALTHUSSER, L.; BALIBAR, É. (1968) *Lire le Capital*. Paris: Maspéro. [*Ler O capital*. Rio de Janeiro: Jorge Zahar Editores, 1979.]

AMOSSY, R. (2012) *L'Argumentation dans le discours*. Paris: Armand Colin.

AMOSSY, R.; MAINGUENEAU, D. (orgs.) (2003) *L'Analyse du discours dans les études littéraires*. Toulouse: PUM.

ANGERMÜLLER, J. (2013a) *Le Champ de la théorie. Essor et déclin du structuralisme en France*. Paris: Herman.

ANGERMÜLLER, J. (2013b) *Analyse du discours poststructuraliste*. Limoges: Lambert-Lucas.

AUSTIN, J. L. (1962) *How to Do Things with Words*. Umson: Oxford. [*Quando dizer é fazer: palavras e ação*. Porto Alegre: Artes Médicas, 1990.]

AUTHIER-REVUZ, J. (1982) Hétérogénéité montrée et hétérogénéité constitutive. *DRLAV*, 26, p. 91-151. [Heterogeneidade mostrada e heterogeneidade constitutiva. In: *Entre a transparência e a opacidade*. Porto Alegre: EDIPUCRS, 2004, p. 11- 80.]

BACHMANN, C.; LINDENFELD, J.; SIMONIN, J. (2003) *Langage et communications sociales*. Paris: Didier.

BAKHTINE, M. (1984) *Esthétique de la création verbale*. Paris: Gallimard. [*Estética da criação verbal*. São Paulo: Martins Fontes, 1997.]

BALPE, J.-P. (2000) *Contextes de l'art numérique*. Paris: Hermes.

BAZERMAN, C. (2004) Speech Acts, Genres, and Activity Systems: How Texts Organize Activity and People. In: BAZERMAN, C.; PRIOR, P. (orgs.) *What Writing Does and How it Does it: An Introduction to Analyzing Texts and Textual Practices*. Nova Jersey: Lawrence Erlbaum Associates, p. 309-339.

BENVENISTE, E. (1966) *Problèmes de linguistique générale*. Paris: Gallimard. [*Problemas de linguística geral I*. Campinas: Pontes, 2008.]

BERGER, P. L.; LUCKMANN, T. (1966) *The Social Construction of Reality: A Treatise in the Sociology of Knowledge*. Garden City: Anchor Books.

BERTHELOT, J.-M. (1996) *Les vertus de l'incertitude*. Paris: PUF.

BILLIG, M. (2003) Critical Discourses Analysis and the Development of New Science. In: WEISS, G.; WODAK, R. (orgs.) *Critical Discourse Analysis: Theory and Interdisciplinarity*. Londres: MacMillan, p. 35-46.

BILLIG, M. (2008) The Language of Critical Discourse Analysis: The Case of Nominalization. *Discourse Society*, 19, 6, p. 783-800.

BLONDIAUX, I. (2009) *Psychiatrie contre psychanalyse?* Paris: Le Félin.

BOUTET, J.; GARDIN, B.; LACOSTE, M. (1995) Discours en situation de travail. *Langages*, 117, p. 12-31.

BRONCKART, J.-P. *et al.* (1985) *Le Fonctionnement des discours*. Neuchâtel: Delachaux et Niestlé.

BRONCKART, J.-P. (1996) *Activité langagière, textes et discours. Pour un interactionnisme socio-discursif*. Lausanne: Delachaux et Niestlé. [*Atividade de linguagem, textos e discursos. Por um interacionismo sociodiscursivo*. São Paulo: Educ, 1999.]

BUTLER, J. (1990) *Gender Trouble: Feminism and the Subversion of Identity*. Nova York/Londres: Routledge.

BUTLER, J. (1997) *Excitable Speech: A Politics of the Performative*. Nova York/Londres: Routledge.

CHARAUDEAU, P. (1986) L'interview médiatique: qui raconte sa vie? *Cahiers de sémiotique textuelle*, 8-9, p. 129-137.

CHARAUDEAU, P. (1983) *Langage et discours. Éléments de sémiolinguistique*. Paris: Hachette.

CHARAUDEAU, P. (1997) *Le Discours d'information médiatique. La construction du miroir social*. Paris: Nathan.

CHARAUDEAU, P.; GHIGLIONE, R. (1997) *La Parole confisquée. Un genre télévisuel: le* talk show. Paris: Dunod. [*A palavra confiscada – um gênero televisivo: o talk show*. São Paulo: Instituto Piaget, 2000.]

CHARAUDEAU, P.; MAINGUENEAU, D. (orgs.) (2002) *Dictionnaire d'analyse du discours*. Paris: Seuil. [*Dicionário de análise do discurso*. São Paulo: Contexto, 2004.]

CHARTIER, R. (2012) Qu'est-ce qu'un livre? Métaphores anciennes, concepts des lumieres et réalités numériques. *Le Français aujourd'hui*, 178, p. 11-26.

CONEIN, B.; COURTINE, J.-J.; GADET, F.; MARANDIN, J.-M.; PÊCHEUX, M. (orgs.) (1981) *Matérialités discursives*. Villeneuve d'Ascq: Presses Universitaires de Lille.

COSSUTTA, F. (org.) (1995) L'Analyse du discours philosofique. *Langages*, 119.

COULON, A. (2002) *L'Ethnométhodologie*. Paris: PUF.

COURTINE, J.-J. (1981) Quelques problemes théoriques et méthodologiques en analyse du discours. À propos du discours communiste adressé aux chrétiens. *Langages*, 62, p. 9-128. [*Análise do discurso político: o discurso comunista endereçado aos cristãos*. São Carlos: EDUFSCar, 2009.]

COURTINE, J.-J.; MARANDIN, J.-M. (1981) Quel objet pour l'analyse du discours? In: CONEIN, B. *et al.* (orgs.) *Matérialités discursives*. Villeneuve d'Ascq: Presses Universitaires de Lille, p. 21-34.

DEMONET, M.; GEFFROY, A.; GOUAZÉ, J.; LAFON, P.; MOUILLAUD, M.; TOURNIER, M. (1975) *Des tracts en Mai 68. Mesures de vocabulaire et de contenu*. Paris: Armand Colin.

DERRIDA, J. (1967) *L'Écriture et la différence*. Paris: Seuil. [*A escritura e a diferença*. São Paulo: Editora Perspectiva, 1995.]

DOLININE, C. (1999) Quarante-cinq ans après Bakhtine. *Langage et société*, 87, p. 25-40.

DOOLEY, R. A.; LEVINSOHN, S. (2001) *Analyzing Discourse. A Manual of Basic Concepts*. Dallas: SIL International.

DUBOIS, J. (1962) *Le vocabulaire social et politique en France de 1869 à 1872*. Paris : Larousse.

ERTZSCHEID, O.; GALLEZOT, G.; SIMONNOT, B. (2013) À la recherche de la "mémoire" du *web*: sédiments, traces et temporalités des documents en ligne. In: BARATS, C. (org.) *Manuel d'analyse du* web. Paris: Armand Colin, p. 53-68.

FAIRCLOUGH, N. (1992) *Discourse and Social Change*. Polity Press. [*Discurso e mudança social*. Brasília: Editora da UNB, 2001.]

FAIRCLOUGH, N. (1995). *Media Discourse*. Londres/Nova York: Bloomsbury Academic.

FAIRCLOUGH, N. (2003) *Analyzing Discourse. Textual Analysis for Social Research*. Londres: Routledge.

FAIRCLOUGH, N. (2009) A Dialectical-Relational Approach to Critical Discourse Analysis in Social Research. In: WODAK, R; MEYER, M. (orgs.) *Methods of Critical Discourse Analysis*, p. 162-186.

FAYE, J.-P. (1972) *Introduction aux langages totalitaires. Théorie et transformation du récit*. Paris: Hermann. [*Introdução às linguagens totalitárias*. São Paulo: Editora Perspectiva, 2009.]

FIALA, P.; EBEL, M. (1983) *Langages xénophobes et consensus national en Suisse (1960-1980)*. Neuchâtel: Université de Neuchâtel, Faculté des Lettres.

FORNEL,M. de-; OGIEN, A.; QUÉRÉ, L. (orgs.) (2001) *L'Ethnométhodologie. Une sociologie radicale*. Paris: La Découverte.

FOUCAULT, M. (1966) *Les mots et les choses*. Paris: Gallimard. [*As palavras e as coisas: uma arqueologia das ciências humanas*. São Paulo: Martins Fontes, 2000.]

FOUCAULT, M. (1969) *L'Archéologie du savoir*. Paris: Gallimard. [*A arqueologia do saber*. Rio de Janeiro: Forense Universitária, 2008.]

FOUCAULT, M. (1971) *L'Ordre du discours*. Paris: Gallimard. [*A ordem do discurso*. São Paulo: Edições Loyola, 2001.]

FOUCAULT, M. (2001[1968]) Réponse à une question. In: *Dits et écrits I*. Paris: Gallimard, p. 701-723. [Resposta a uma questão. In: *Ditos e escritos VI: repensar a política*. Rio de Janeiro: Forense Universitária, 2010, p. 1-24.]

FOWLER, R.; HODGE, R.; KRESS, G.; TREW, T. (1979) *Language and Control*. Londres: Routledge and Kegan Paul.

GADET, F.; PÊCHEUX, M. (1975) *La langue introuvable*. Paris: Maspéro. [*A língua inatingível: o discurso na história da linguística*. Campinas: Pontes, 2004.]

GEE, J. P. (2005) *An Introduction to Discourse Analysis. Theory and Method*. Londres/ Nova York: Routledge.

GOFFMAN, E. (1981) *Forms of Talk*. Filadélfia: The Pennsylvania University Press.

GOODY, J. (1977) *The Domestication of the Savage Mind*. Cambridge: Cambridge University Press.

GRINSHPUN, Y. (2008) *Ô, Entre langue(s), discours et graphie*. Paris: Ophrys.

GROSSE, E. U.; SEIBOLD, E. (1996) Typologie des genres journalistiques. In: *Panorama de la presse parisienne*. Berlim: Peter Lang.

GUESPIN, L.; MARCELLESI, J.-B. MALDIDIER, D.; SLATKA, D. (orgs.) (1971) Le discours politique. *Langages*, 23.

GUESPIN, L.; GARDIN, B.; MARCELLESI, J.-B. (orgs.) (1976) Typologie du discours politique. *Langages*, 41.

GUMPERZ, J.; HYMES, D. (orgs.) (1972) *Directions in Sociolinguistics: The Ethnography of Communication*. Nova York: Holt Rinehart & Winston.

HABERMAS, J. (1987[1981]) *Théorie de l'agir communicationnel*. Paris: Fayard.

HALL E., T. (1966) *The Hidden Dimension*. Nova York: Doubleday.

HALLIDAY, M. A. K. (1978) *Language as Social Semiotics*. Londres: Edward Arnolds.

HAROCHE, C.; HENRY, P.; PÊCHEUX, M. (1971) La sémantique et la coupure saussurienne. *Langages*, 24, p. 93-106. [A semântica e o corte saussuriano: língua, linguagem, discurso. In: BARONAS, R. L. *Análise do discurso: apontamentos para uma história da noção-conceito de formação discursiva*. São Carlos: Pedro & João Editores, 2007, 222 p.]

HARRIS, Z. S. (1952) Discourse Analysis. *Language*, 28, p. 1-30.

HARRIS, Z. S. (1969) L'Analyse du discours. *Langages*, 13, p. 8-45.

HERRING, S. *et al.* (2005) Weblogs as a Bridging Genre. *Information, Technology and People*, 18 (2), p. 142-171.

HYMES, D. H. (1964) Introduction: Towards Ethnographies of Communication. In: GUMPERZ, J.; HYMES, D. (orgs.) *The Ethnography of Communication*, p. 1-34. Washington: American Anthropologist (special issue).

HYMES, D. H. (1974) *Foundations in Sociolinguistics: An Ethnographic Approach*. Filadélfia: University of Pennsylvania Press.

JOHNSTONE, B. (2008) *Discourse Analysis*. Oxford: Blackwell.

JOSEPH, I. (2002) *Erving Goffman et la microsociologie*. Paris: PUF.

KERBRAT-ORECCHIONI, C. (1990) *Les Interactions verbales*, tomo 1. Paris: Armand Colin.

KERBRAT-ORECCHIONI, C. (1992) *Les Interactions verbales*, tomo 2. Paris: Armand Colin.

KERBRAT-ORECCHIONI, C. (2004a) *Le Discours en interaction*. Paris: Armand Colin.

KERBRAT-ORECCHIONI, C. (org.) (2004b) On polylogues. *Journal of Pragmatics* (special issue), 36 (1).

KERBRAT-ORECCHIONI, C.; PLANTIN, C. H. (1995) *Le Trilogue*. Lyon: Presses Universitaires de Lyon.

KRESS, G.; HODGE, R. (1979) *Language as Ideology*. Londres: Kegan Paul.

KRESS, G.; HODGE, R. (2001) From Saussure to Critical Sociolinguistics. In: WETHERELL, M.; TAYLOR, S.; YATES, S. J. (orgs.) *Discourse Theory and Practice. A Reader*. Londres: Sage and The Open University, p. 29-38.

KRIEG-PLANQUE, A. (2003) *Purification ethnique. Une formule et son histoire*. Paris: CNRS-Éditions.

KRIEG-PLANQUE, A. (2009) *La Notion de "formule" en analyse du discours. Cadre théorique et méthodologique*. Besançon: Presses Universitaires de Franche-Comté. [*A noção de "fórmula" em análise do discurso: quadro teórico e metodológico*. São Paulo: Parábola Editorial, 2010.]

KRIEG-PLANQUE, A. (2012) *Analyser les discours institutionnels*. Paris: Armand Colin.

LACLAU, E.; MOUFFE, C. (1985) *Hegemony and Socialist Strategy. Towards a Radical Democratic Politics*. Londres: Verso.

LA ROCHEFOUCAULD-LIANCOURT, F. DE (1665[1965]) *Réflexions ou sentences et maximes morales*. Paris: Le Livre de Poche. [*Reflexões ou sentenças e máximas morais*. São Paulo: Companhia das Letras, 2014.]

LATZKO-TOTH, G.; PROULX, S. (2013) Enjeux éthiques de la recherche sur le Web. In: BARATS, C. (org.) *Manuel d'analyse du Web*. Paris: Armand Colin, p. 32-48.

LEHTI, L. (2011) Blogging Politics in Various Ways: A Typology of French Politician's Blogs. *Journal of Pragmatics*, 43 (6), p. 1610-1627.

MAINGUENEAU, D. (1984) *Genèses du discours*. Liège: Mardaga. [*Gênese dos discursos*. São Paulo: Parábola Editorial, 2008.]

MAINGUENEAU, D. (1987) *Nouvelles tendances en analyse du discours*. Paris: Hachette. [*Novas tendências em análise do discurso*. Campinas: Editora da Unicamp/Editora Pontes, 1989.]

MAINGUENEAU, D. (1993) Le Contexte de l'oeuvre littéraire. Énonciation, écrivain, société. Paris: Dunod. [*O contexto da obra literária*. São Paulo: Martins Fontes, 1995.]

MAINGUENEAU, D. (1995) Présentation. *Langages*, 117, p. 5-11.

MAINGUENEAU, D. (1998a) *Analyser les textes de communication*. Paris: Dunod. [*Análise dos textos de comunicação*. São Paulo: Cortez Editora, 2008.]

MAINGUENEAU, D. (1998b) Scénographie de la lettre publique. In: SIESS, J. (org.) *La lettre entre réel et fiction*. Paris: SEDES.

MAINGUENEAU, D. (1999) Analysing Self-Constituting Discourses. *Discourse Studies*, I (2), p. 175-200. [cf. Maingueneau, D. (2008) Os discursos constituintes. In: *Cenas da enunciação*. São Paulo: Parábola Editorial, p. 37-54.]

MAINGUENEAU, D. (2003) Quelles unités pour l'analyse du discours? *Romanistisches Jahrbuch*, Vol. 53, p. 109-118.

MAINGUENEAU, D. (2004a) *Le Discours littéraire. Paratopie et scene d'énonciation*. Paris: Armand Colin. [*O discurso literário*. São Paulo: Editora Contexto, 2006.]

MAINGUENEAU, D. (2004b) Retour sur une catégorie: le genre. In: ADAM, J.-M.; GRIZE, J.-B.; BOUACHA, M. A. *Texte et discours: catégories pour l'analyse*. Éditions Universitaires de Dijon, p. 107-118.

MAINGUENEAU, D. (2005) *Marges linguistiques*, 9, p. 64-75 (disponível em: http://dominique.maingueneau.pagesperso-orange.fr/pdf/L-analyse-du-discours-et-ses-frontieres.pdf; acesso em: 21/05/2015).

MAINGUENEAU, D. (2007) *La Littérature pornographique*. Paris: Armand Colin. [*O discurso pornográfico*. São Paulo: Parábola Editorial, 2010.]

MAINGUENEAU, D. (2011) Sur une petite phrase "de" N. Sarkozy. Aphorisation et auctorialité. *Communication et Langages*, 168, p. 43-56.

MAINGUENEAU, D. (2012) *Les phrases sans texte*. Paris: Armand Colin. [*Frases sem texto*. São Paulo: Parábola Editorial, 2014.]

MAINGUENEAU, D.; COSSUTIA, F. (1995) L'analyse des discours constituants. *Langages*, 117, p. 112-125.

MALDIDIER, D. (1993) L'inquiétude du discours. Un trajet dans l'histoire de l'analyse du discours: le travail de Michel Pêcheux, *SEMEN*, 8, mis en ligne le 21 août 2007 (disponível em: http://semen.revues.org/4351; acesso: 21/05/2015). [A inquietude do discurso. Um trajeto na história da análise do discurso: o trabalho de Michel Pêcheux. In: SARGENTINI,V.; PIOVEZANI, C. (org.) *Legados de M. Pêcheux*. São Paulo: Contexto, 2011.]

MOIRAND, S. (1988) *Une histoire de discours*... Paris: Hachette.

MOIRAND, S. (2007) *Les discours de la presse quotidienne*. Paris: PUF.

NIZET, J.; RIGAUX, N. (2005) *La Sociologie d'Erving Goffman*. Paris: La Découverte.

NICOLE, P. (1701) *Essais de morale contenus en divers traités sur plusieurs devoirs importants*. Paris: G. Desprez.

PAVEAU, M.-A. (2010a) Interdiscours et intertexte. Généalogie scientifique d'une paire de faux jumeaux. In: ABLALI, D.; KARSTBERG SJÖBLOM, M. (orgs.) *Linguistique et littérature. Cluny, 40 ans aprés*. Besançon: Presses de l'université de Franche-Comté, p. 93-105.

PAVEAU, M.-A. (2010b) La norme dialogique. Propositions critiques en philosophie du discours. *SEMEN* [*online*], 29 (http://semen.revues.org/8793; acesso: 21/05/2015).

PAVEAU, M.-A. (2012) Réalité et discursivité. D'autres dimensions pour la théorie du discours. *SEMEN*, 34, p. 95-115.

PÊCHEUX, M. (1969) *Analyse automatique du discours*. Paris: Dunod. [Análise automática do discurso. In: GADET, F.; HAK, T. (orgs.) *Por uma análise automática do discurso: uma introdução à obra de Michel Pêcheux*. Campinas: Editora da Unicamp, 1997, p. 61-161.]

PÊCHEUX, M. (1975) *Les vérités de La Palice*, Paris, Maspéro. [*Semântica e discurso: uma crítica à afirmação do óbvio*. Campinas: Editora da Unicamp, 1988.]

PÊCHEUX, M.; FUCHS, C. (1975) Mise au point et perspectives à propos de l'analyse automatique du discours. *Langages*, 37, p. 7-80. [A propósito da análise automática do discurso: atualização e perspectivas. In: GADET, F.; HAK, T. (orgs.) *Por uma análise automática do discurso: uma introdução à obra de Michel Pêcheux*. Campinas: Editora da Unicamp, 1997, p. 163-252.]

PHILLIPS, N.; HARDY, C. (2002) *Discourse Analysis. Investigating Processes of Social Construction*. Londres: Sage.

POTTER, J.; WETHERELL, M. (1987) *Discourses and Social Psychology Beyond Attitudes and Behaviour*. Londres: Sage.

POULANTZAS, N. (1968) *Pouvoir politique et classes sociales de l'État capitaliste*. Paris: Maspéro. [*Poder político e classes sociais*. São Paulo: Martins Fontes, 1977.]

SHEPHERD, M.; WADERS, C. R. (1998) The Evolution of Cybergenres. In: *Proceedings of the Thirty-First Annual Hawaii International Conference on System Sciences (HICSS)*, 98, Hawaii, 11, p. 97-109.

SCHIFFRIN, D. (1994) *Approaches to Discourse*. Oxford/Cambridge: Blackwell.

SEARLE, J. (1969) *Speech Acts. An Essay in the Philosophy of Language*. Cambridge: Cambridge University Press [trad. fr.: *Les actes de langage*. Paris: Hermann, 1972.]

SHI-XU (2009) Editorial. *Journal of Multicultural Discourses*, 4 (3), p. 239-241.

SIMONIN-GRUMBACH, J. (1975) Pour une typologie des discours. In: KRISTEVA, J.; MILNER, J.-C.; RUWET, N. (orgs.) *Langue, discours, société*. Paris: Seuil. [Para uma tipologia dos discursos. In: JAKOBSON, R. *et al. Língua, discurso, sociedade*. São Paulo: Global, 1983.]

SPIVAK, G. (1987) *In Other Worlds: Essays in Cultural Politics*. Londres: Methuen.

SPIVAK, G. (1990) The Post-Colonial Critic: Interviews, Strategies, Dialogues. In: HARASYM S. (org.) *The Post-Colonial Critic: Interviews, Strategies, Dialogues*. Londres: Routledge.

SPIVAK, G. (1999) *A Critique of Post-Colonial Reason: Toward a History of the Vanishing Present*. Harvard University Press.

STRUBBE, M. *et al.* (2003) Multiple Discourse Analyses of Workplace Interaction. *Discourse Studies*, 5 (3), p. 351-388.

SWALES, J. (1990) *Genre Analysis. English in Academic and Research Settings*. Cambridge: Cambridge University Press.

TISSERON, S. (2001) *L'intimité surexposée*. Paris: Ramsay.

TISSERON, S. (2011) Intimité et extimité. *Communications*, 88, p. 83-91.

TITSCHER, S.; MEYER, M.; WODAK, R.; VETTER, E. (2000) *Methods of Text and Discourse Analysis*. Londres: Sage.

VAN DIJK, T. (org.) (1985) *Handbook of Discourse Analysis*. Londres: Academic Press.

VAN DIJK, T. (1996) De la grammaire de textes à l'analyse socio-politique du discours. *Le Français dans le monde*, número especial: "Le discours: enjeux et perspectives". S. Moirand (org.). Hachette, p. 16-29.

VAN DIJK, T. (2000) New(s) Racism: A Discourse Analytical Approach. In: COTTLE, S. (org.) *Ethnic Minorities and the Media*. Suckingham/Filadélfia: Open University Press, p. 33-49.

VAN DIJK, T. (2001) Discourse and Racism. In: GOLDBERG, D.; SOLOMOS, J. (orgs.) *The Blackwell Companion to Racial and Ethnic Studies*. Oxford: Blackwell, p. 145-159.

WETHERELL, M.; TAYLOR, S.; YATES, S. J. (2001) *Discourse Theory and Practice. A Reader*. Londres: Sage and The Open University.

WIDDOWSON, H. G. (2007) *Discourse Analysis*. Oxford: Oxford University Press.

WINKIN, Y. (org.) (1981) *La Nouvelle communication*. Paris: Seuil. [*A nova comunicação*. Campinas: Papirus, 1998.]

WODAK, R.; MEYER, M. (2009) Critical Discourse Analysis: History, Agenda, Theory and Methodology. In: Wodak, R.; Meyer, M. (orgs.) *Methods of Critical Discourse Analysis*. Londres: Sage, p. 1-33. [Do que trata a ACD: um resumo de sua história, conceitos importantes e seus desenvolvimentos. *Linguagem em (Dis)curso*, v. 4, n. especial, 2004.]

nota da editora

DIGA NÃO À CÓPIA

pratique essa ideia

Quando você copia uma obra, está contribuindo para que nos próximos anos os alunos não tenham mais o que copiar, porque:

1. Não haverá autores interessados em produzir textos. A produção de um livro demanda muito tempo, formação específica e dedicação, e eles precisam trabalhar para viver.

2. Também não haverá editoras interessadas em investir em uma obra que ficará estocada, especialmente quando se tratar de obras traduzidas. Os alunos do futuro terão de ler as obras na língua em que foram editadas.

3. E mais: você está contribuindo para acabar com o emprego de funcionários de gráficas, editoras, para o fechamento de livrarias, para o empobrecimento da cultura do país, além, é claro, de violar a lei de direitos autorais (Lei n° 9.610/98), praticando um CRIME previsto no artigo 184 do Código Penal, sem prejuízo de ter que reparar o dano causado.

E para que isso? A cópia custa em média R$ 0,15 por página. Este livro, R$ 0,16. POR QUE, ENTÃO, NÃO TÊ-LO?

Além do mais, cópias se perdem ao longo do temppo. O livro não. Ele é para sempre, pode ser repassado a outras pessoas, é fundamental para a formação de todo profissional que se pretenda competente. Todo bom profissional precisa de uma biblioteca própria. Para isso a Parábola Editorial contribui pondo no mercado livros com qualidade gráfica e de conteúdo a melhor preço que a cópia.

Quando você diz não à cópia, está dizendo não à violência e à falta de ética... Pode não parecer, mas quando copia uma obra na qual se empenhou tanto trabalho para que ela virasse um livro e chegasse ao mercado, você está colaborando com a corrupção que alimenta nosso crônico atraso!

Coleção Lingua[gem]

1. *Português ou brasileiro? Um convite à pesquisa*, Marcos Bagno
2. *Linguagem & comunicação social*, Manoel Luiz Gonçalves Corrêa
3. *Por uma linguística crítica*, Kanavillil Rajagopalan
4. *Educação em língua materna: a sociolinguística na sala de aula*, Stella Maris Bortoni-Ricardo
5. *Sistema, mudança e linguagem*, Dante Lucchesi
6. *"O português são dois"*, Rosa Virgínia Mattos e Silva
7. *Ensaios para uma sócio-história do português brasileiro*, Rosa Virgínia Mattos e Silva
8. *A linguística que nos faz falhar*, Kanavillil Rajagopalan & Fábio Lopes da Silva [orgs.]
9. *Do signo ao discurso*, Inês Lacerda Araújo
10. *Ensaios de filosofia da linguística*, José Borges Neto
11. *Nós* cheguemu *na escola, e agora?*, Stella Maris Bortoni-Ricardo
12. *Doa-se lindos filhotes de* poodle, Maria Marta Pereira Scherre
13. *A geopolítica do inglês*, Yves Lacoste [org.]
14. *Gêneros*, José Luiz Meurer, Adair Bonini & Désirée Motta-Roth [orgs.]
15. *O tempo nos verbos do português*, Mª Luiza M. S. Corôa
16. *Considerações sobre a fala e a escrita*, Darcilia Simões
17. *Princípios de linguística descritiva*, Mário A. Perini
18. *Fundamentos empíricos para uma teoria da mudança linguística*, U. Weinreich, W. Labov & M. I. Herzog
19. *Por uma linguística aplicada indisciplinar*, Luiz Paulo da Moita Lopes
20. *Origens do português brasileiro*, Anthony Julius Naro & Maria Marta Pereira Scherre
21. *Introdução à gramaticalização*, Sebastião Carlos Leite Gonçalves, Mª Célia Lima-Hernandes & Vânia Cristina Casseb-Galvão [orgs.]
22. *O acento em português*, Gabriel Antunes de Araújo [org.]
23. *Sociolinguística quantitativa*, Gregory R. Guy & Ana Maria Stahl Zilles
24. *Metáfora*, Tony Berber Sardinha
25. *Norma culta brasileira*, Carlos Alberto Faraco
26. *Padrões sociolinguísticos*, William Labov
27. *Gênese dos discursos*, Dominique Maingueneau
28. *Cenas da enunciação*, Dominique Maingueneau
29. *Estudos de gramática descritiva*, Mário A. Perini
30. *Caminhos da linguística histórica*, Rosa Virgínia Mattos e Silva
31. *Limites do discurso*, Sírio Possenti
32. *Questões para analistas do discurso*, Sírio Possenti
33. *Linguagem & diálogo*, Carlos Alberto Faraco
34. *Nomenclatura Gramatical Brasileira*, Claudio Cezar Henriques
35. *Língua na mídia*, Sírio Possenti
36. *Malcomportadas línguas*, Sírio Possenti
37. *Linguagem. Gênero. Sexualidade*, Ana Cristina Ostermann & Beatriz Fontana [orgs.]
38. *Em busca de Ferdinand de Saussure*, Michel Arrivé
39. *A noção de "fórmula" em análise do discurso*, Alice Krieg-Planque
40. *Geolinguística*, Suzana Alice Marcelino Cardoso
41. *Doze conceitos em análise do discurso*, Dominique Maingueneau
42. *O discurso pornográfico*, Dominique Maingueneau
43. *Falando ao pé da letra*, Roxane Rojo
44. *Nova pragmática*, Kanavillil Rajagopalan
45. *Bakhtin desmascarado*, Jean-Paul Bronckart & Cristian Bota
46. *Gênero textual, agência e tecnologia*, Carolyn R. Miller
47. *Linguística de texto: o que é e como se faz?*, Luiz Antônio Marcuschi
48. *A gramática passada a limpo*, Maria Helena de Moura Neves
49. *O sujeito em peças de teatro (1833-1992)*, Maria Eugênia Lammoglia Duarte [org.]
50. *Português no século XXI*, Luiz Paulo da Moita Lopes [org.]
51. *Da linguística formal à linguística social*, Roberto G. Camacho
52. *Estudos do discurso*, Luciano Amaral Oliveira [org.]
53. *Gênero – história, teoria, pesquisa, ensino*, Anis B. Bawarshi & Mary Jo Reiff
54. *Introdução à teoria enunciativa de Benveniste*, Valdir do Nascimento Flores
55. *Linguística aplicada na modernidade recente*, Luiz Paulo da Moita Lopes [org.]
56. *Gramáticas contemporâneas do português*, Maria Helena de Moura Neves & Vânia Cristina Casseb-Galvão
57. *Letramentos sociais, na etnografia e na educação*, Brian V. Street
58. *A ordem das palavras no português*, Erotilde Goreti Pezatti
59. *Frases sem texto*, Dominique Maingueneau
60. *Espanhol e português brasileiro*, Adrián Pablo Fanjul & Neide Maia González [orgs.]
61. *Sujeitos em ambientes virtuais*, Maria Cecilia Mollica, Cynthia Patusco & Hadinei Ribeiro Batista [orgs.]
62. *Vološinov e a filosofia da linguagem*, Patrick Sériot
63. *A história das línguas*, Tore Janson
64. *Discurso e análise do discurso*, Dominique Maingueneau
65. *Sobre a fala dialogal*, Lev Jakubinskij
66. *Retórica da ação letrada*, Charles Bazerman
67. *Teoria da ação letrada*, Charles Bazerman
68. *Unidade e variação na língua portuguesa*, André C. Valente
69. *Linguística funcional*, Maria Angélica Furtado da Cunha, Mariangela R. de Oliveira & Mário Eduardo Martelotta [orgs.]
70. *O texto e seus conceitos*, Ronaldo de Oliveira Batista [org.]
71. *Gramáticas brasileiras*, Carlos Alberto Faraco & Francisco Eduardo Vieira [orgs.]
72. *Saussure, o texto e o discurso*, Marcio Alexandre Cruz, Carlos Piovezani & Pierre-Yves Testenoire [orgs.]
73. *O efeito Saussure*, Carlos Alberto Faraco [org.]
74. *Dinâmicas funcionais da mudança linguística*, Marcos Bagno, Vânia Casseb-Galvão & Tânia F. Rezende [orgs.]
75. *Gêneros no contexto brasileiro*, Benedito Gomes Bezerra
76. *A pessoa no discurso*, Adrián Pablo Fanjul
77. *O todo da língua*, Vânia Casseb-Galvão & Maria Helena de Moura Neves [orgs.]
78. *Saussure e Benveniste no Brasil,* Valdir do Nascimento Flores
79. *Mikhail Bakhtin*, Alastair Renfrew
80. A *gramática tradicional – História crítica*, Francisco Eduardo Vieira
81. *Filologia, história e língua – Olhares sobre o português medieval*, Leonardo Lennertz Marcotulio; Célia Regina dos Santos Lopes; Mário Jorge da Motta Bastos & Thiago Laurentino de Oliveira
82. *Qual política linguística? Desafios glotopolíticos contemporâneos*, Xoán Carlos Lagares
83. *Análise de discurso crítica – para linguistas e não linguistas*, José Ribamar Lopes Batista Jr.; Denise Tamaê Borges Sato & Iran Ferreira de Melo [orgs.]
84. *A linguística, o texto e o ensino da língua*, José Carlos Azeredo
85. *Língua portuguesa – Tradições e modernidade*, Tania Maria N. de L. Camara; Denise S. Santos; Flávio de A. Barbosa & Alexandre do A. Ribeiro [orgs.]
86. *Objeto Língua – Inéditos e revisitados*, Marcos Bagno
87. *NURC – 50 anos*, Miguel Oliveira Jr. [org.]
88. *O dialeto caipira*, Amadeu Amaral
89. *Variações sobre o ethos*, Dominique Maingueneau
90. *O sujeito gramatical no português brasileiro – expressão, concordância, ergatividade e afetamento*, Vânia Cristina Casseb-Galvão; Gian Luigi De Rosa; Kleber Aparecido Silva & Lennie Aryete Pereira Bertoque [org.].
91. *História das línguas, história da linguística – homenagem a Carlos Alberto Faraco*, Marcos Bagno e Francisco E. Vieira [org.]
92. *O português daqui, dali e de lá – por uma língua que nos una*, Denise Salim dos Santos & Flávio de Aguiar Barbosa [org.]
93. *Constelação de gêneros – a construção de um conceito*, Júlio Araújo
94. *Discurso e (pós)verdade*, Luzmara Curcino, Vanice Sargentini & Carlos Piovezani [org.]
95. *Linguagem "neutra": língua e gênero em debate*, Fábio Ramos B. Filho & Gabriel de Ávila Othero [org.]
96. *O que sabemos sobre a linguagem*, Gabriel de Ávila Othero, Valdir do Nascimento Flores [org.]
97. *O gênero como ele é (e como não é): conceitos e aplicações*, Benedito Gomes Bezerra
98. *Estudos queer em linguística aplicada INdisciplinar: gênero, sexualidade, raça e classe*, Luiz Paulo da Moita Lopes, Clarissa Rodrigues Gonzalez, Glenda Cristina Valim de Melo, Thayse Figueira Guimarães [orgs.]
99. *Enunciados aderentes*, Dominique Maingueneau
100. *Crítica à análise crítica do discurso*, Luciano Amaral Oliveira

Esta obra foi composta em Wilke LT 11/15 e Rotis Semi Sans 10,5/15
e impressa em papel Luxcream 70g
para a **Parábola Editorial** em novembro de 2023.

Impressão e acabamento:
Bartira Gráfica